하나님의 언약

초판 발행 2025년 8월 10일
지은이 서애숙
책임편집 오혜교
디자인 구름양
펴낸곳 OHK
출판신고 2018년 11월 27일 제2018-000084호
주소 경기도 파주시 회동길 219 2층
전화 1800-9386
이메일 soaprecord@gmail.com
홈페이지 www.r2publik.com

ISBN: 979-11-94050-42-1

이 책은 저작권법에 따라 보호받는 저작물이므로 무단전재와 무단복제를 금지하며,
이 책 내용의 전부 또는 일부를 이용하려면 반드시 저작권자와 OHK의
서면동의를 받아야 합니다.

약속하고,
반드시 이루신다
하나님의 언약

서애숙 지음

추천사

아신대학교 구약학 교수 이한영

이 책은 성경에 나타난 하나님의 언약을 구속사적 흐름 속에서 체계적으로 정리하여 독자들이 언약의 중요성과 깊이를 깨닫도록 돕는다.

아담에서 예수그리스도에 이르기까지 각 언약의 역사적, 신학적 의미를 잘 정리하고 있으며 설교자와 신학생에게 큰 유익을 준다.

문체는 진지하면서도 실제적인 적용이 풍부하고, 구속사의 통합적 시각을 견지하고 있다.

특히 '피로 맺은 언약', '여자의 후손' 등 복음 중심적 주제를 명확히 부각 시킨 점이 인상적이다.

가족과 성도들에게 신앙의 유산으로 전하고자 하는 서애숙 목사님의 진심어린 열정이 곳곳에 드러난다.

들어가며

  30여 년간 선교지 지도자들을 말씀으로 섬기며 사역해 오면서, 신앙에 꼭 필요한 성경의 핵심 내용들을 정리하여 가족과 이웃들에게 전해주고 싶은 마음을 늘 품고 있었습니다.

  그 중에서도 '하나님의 언약'이라는 주제로 구속사의 흐름을 언약이라는 키워드를 통해 담아내고자 했습니다. 성경에 기록된 하나님의 언약은 우리 인생길의 네비게이션과 같습니다. 하나님은 우리에게 먼저 언약하시고, 그 언약을 신실하게 이루어 가십니다.

  과거와 현재, 그리고 앞으로 다가올 미래와 영원까지 하나님은 자신이 세우신 언약대로 이 모든 피조세계를 경영해 오셨고 앞으로도 이끌어 가실 것입니다. 길을 모르면 두렵지만, 하나님은 언약을 통해 우리 인생의 참된 길을 모두 알려 주셨습니다.

이 책이 읽는 분들에게 조금이라도 도움이 되기를 바라며, 가족들에게는 소중한 신앙의 유산이 되기를 소망합니다.

이 책을 쓰게 하신 하나님께 모든 영광을 돌려 드립니다.

목 차

추천사
아신대학교 구약학 교수 이한영

들어가며

1장. 아담의 창조언약	024
2장. 원시적 구원 언약	039
3장. 노아의 보존언약(창6:18)	044
4장. 아브라함의 씨 언약	055
5장. 모세의 율법언약	083
6장. 다윗의 왕국언약	110
7장. 언약의 관습과 의식들이 신약에서 주는 의미	121

8장. 언약의 흔적과 이행	138
9장. 이스라엘 공동체의 언약파기	153
10장. 새 언약	163
11장. 언약의 성취자로 오신 예수 그리스도	200
12장. 언약의 완성	212

에필로그

서론
언약이란

성경은 언약의 책이다. 곧 계약의 책이다
하나님이 하시는 모든 일은 언약에 기초한다.
언약은 구속사의 골조와도 같다.

여러 개의 진주가 한 줄의 실로 꿰어져 목걸이가 되듯이, 언약은 마치 66권의 진주를 한 줄로 꿰어놓은 실과 같다.

또 고구마 줄기를 잡아당기면 굵은 고구마들이 주렁주렁 딸려 나오듯이, 성경에서 '언약'이라는 줄기를 잡아당기면 성경 66권의 고구마들이 줄줄이 딸려 나온다.

하나님은 자신을 계약으로 묶으셨다. 구약과 신약은 '옛 계약'과 '새 계약'이라는 의미다. 옛 계약 안에 새 계약이 잉태되어 있고, 새 계약으로 옛 계약이 성취되었다.

앤드류 머레이는 "성경은 계약의 책으로서 계약의 모든 조항들이 포함되어 있다"고 말하며, 하나님을 자신과 계약 맺은 하나님으로 아는 사람은 복되다고 했다.

성경은 창조 질서를 계약적으로 보고 있다.
렘 33:20, 25 / 창 8:21-22 / 호 6:7 / 창 9:9~17

창조부터 종말까지 하나님과 그의 백성들은 계약적 관계로 결속되어 있다. 하나님의 창조 역사 자체가 계약 행위이다. 계약이라는 용어가 없어도 본질적으로 하나님의 계약이다. 인간이 창조될 때 그 신분이 하나님의 절대 주권 아래서 계약적 관계로 설정되었다. 하나님이 창조주로서 피조물들을 통해 영광을 받으시고, 그것들을 보존하고 복 주고 양육하겠다는 약속이다.

언약의 근거는 엡 1:4-6이다.
우리의 구원은 먼저 삼위 하나님의 협동으로 이루어진 것이다. 대부분의 성경 언약들은 하나님께서 피조물과 맺은 역사적 언약들이다. 그러나 그 전에 먼저 삼위 하나님 사이에서 맺어진 영원한 구속 언약이 전제되어 있다. 창세전에 삼위 하나님 사이에 맺어진 이 언약은 창조와 더불어 이미 인류의 타락을 고려하고 있다.

하나님은 자연만물을 창조하시고 마지막에 흙으로 인간을 창조하셔서 그 코에 하나님의 생기를 불어넣으시므로 살아있는 사람이 되게 하셨다(창 2:7). 인간은 다른 모든 피조물과 달리 하나님의 형상대로 창조되었다. 그러므로 인간은 하나님을 닮아 지·정·의를 가진 인격적인 존재가 되게 하셨고, 자율적으로 선택할 수 있는 자유의지를 주셔서 하나님과 교제할 수 있는 존재로 창조하신 것이다. 하나님이 인간을 창조하신 목적은 인간을 통해 영광을 받으시기 위함이고, 인간과 관계를 맺으며 살기 위함이다.

하나님이 인간과 맺은 첫 번째 언약은 행위 언약이었다. 죄 짓기 전에 아담에게 자율적인 순종을 조건으로 하나님과 교제하며, 하나님의 모든 자원과 풍요를 누릴 수 있는 에덴의 축복이 약속된 언약이다. 아담의 순종을 요구하는 행위 언약이다(창 2:16~17).

아담은 자기 의지로 하나님의 언약을 지킴으로써 온전할 수 있었다. 행위 언약이 가능했다. 그러나 아담이 범죄한 후 인간은 더 이상 행위로 온전해질 수 없고, 오직 은혜 언약만 가능할 뿐이다.

이것은 인간의 죄를 대속하신 그리스도를 통한 구원의 언약으로, 믿음을 요구하시는 언약이다. 은혜 언약은 하나님께서 오직 예수 그리스도를 통해 일하시고, 인간은 주께서 하신 일을 믿음으로 받아들이는 것이다.

성경은 근원적으로 '하나님의 나라'와 '세상 나라'라는 두 물줄기가 흐르고 있다.
출발은 하나님의 나라였는데, 인간이 범죄함으로써 세상 나라로 나뉘어 흐르게 되었다. 성경의 총체적 주제는 하나님의 나라이다. 그 하나님의 나라를 실현해 가는 역사가 구속사이고, 구속사를 풀어가는 키워드는 하나님의 언약이다.

하나님의 언약의 단어적 의미를 살펴보면 성경에서
'언약을 맺는다' 라고 번역된 문구의 히브리원문은
כָּרַת בְּרִית (카라트 베리트) 로서 '언약을 자른다' 라는 의미다.

자른다 - 카라트(כָּרַת) 언약 - 베리트(בְּרִית)
בְּרִית - 계약, 동맹, 언약, 서약, 협정
כָּרַת - 자르다, 쪼개다
언약을 자르다, 세우다

언약이라는 단어가 성경에 298번 나오는데, 희생 제물을 둘로 자른 뒤 그 사이를 계약 당사자들이 지나간 데서 유래한 생명을 담보로 한 맹약이다.

언약은 '절단'이라는 단어를 수반하는데, 동물을 잘라 피를 흘림으로써 언약을 맺는다. 고대 근동에서는 계약을 체결할 때 동물을 잡아 피를 흘려 반으로 절단하고 양쪽에 나누어 놓고, 계약 당사자가 쪼개진 동물의 조각 사이를 통과하며 계약을 맺는다.

잘려진 동물은 죽기까지 지키겠다는 약속이고, 만약 계약 조건을 파기했을 때는 '나도 저 짐승처럼 죽겠습니다'라는 맹세 의식이다.

하나님의 언약은 몇 가지 특징이 있는데, 먼저는 하나님께서 주도권을 가지고 일방적으로 하셨다는 것이다.

언약은 일반적으로 쌍방이 맺는 것이다. 그러나 하나님의 언약은 일방적이다. 그러기에 "내 언약"이라고 하신다(창 6:18; 17:2, 4, 7, 19, 21, 출 19:5).

헬라어로는 하나님의 언약을 $\delta\iota\alpha\theta\eta\kappa\eta$(디아데게)라고 한다.

일반적 언약은 - $\sigma\upsilon\nu\theta\eta\kappa\eta$ (쉰 데게) 로서 ($\sigma\upsilon\nu$ -와함께) 쌍방이 함께 맺는 언약이다. 하나님의 언약 - $\delta\iota\alpha\theta\eta\kappa\eta$ (디아 데게) 는 하나님이 일방적으로 하신 언약이다.

$\delta\iota\alpha\theta\eta\kappa\eta$ (디아 데게) 는 성경에만 있는 개념이다.

히브리어 성경을 최초로 헬라어로 번역할 때 헬라어에 하나님의 언약이란 개념이 없었다. 언약이라 하면 모두 쌍방적인 것이었고 일방적 언약 개념은 없었다. 그때 $\delta\iota\alpha\theta\eta\kappa\eta$ 를 만들어 70인 역에 번역되었다.

"하나님의 언약", $\delta\iota\alpha\theta\eta\kappa\eta$는 명령이다. 그럼에도 불구하고 언약이라고 하신 것은 지키면 복이 있다.

하나님이 일방적으로 하신 이유는 인간은 감히 하나님과 대등하게 약속할 입장이 못 된다. 하나님은 창조주요, 인간은 단지 흙으로 빚은 피조물이다. 생명 구원에 있어서 인간이 할 수 있는 것은 아무것도 없다.

또 인간은 죄 때문에 하나님께 나아갈 수 없다. 하나님 편에서 찾아오셔야만 했다. 하나님께서 구원을 계획하시고 친히 사람이 되어 오시고, 대신 죽으심으로 죗값을 갚으시고 또 믿게 만드셔서 하나님과 사람 사이를 회복시켜 놓으셨다. 사람은 다만 믿음으로 받아들이고 하나님께 의지하는 것밖에는 없다. 그러기에 "은혜"라고 한다.

하나님의 언약의 두 번째 특징은 피로 맺은 것이다.
하나님이 하신 언약은 반드시 피를 통하여 하셨다. 피를 통해 하셨다는 것은 생명을 걸었다는 것이다. 하나님이 생명을 담보로 자신의 언약을 반드시 지킬 것이라는 엄숙한 선언이다.

하나님의 언약은 에덴에서부터 갈보리까지 피를 통해서 맺으셨다.
 하나님이 맹세코 실행하시겠다는 보증이기에, 하나님의 언약을 그래서 '소금 언약'이라고 한다. (대하13:5)

 피로 맺었다는 것은 계약 파기 자는 죽는다는 뜻이고 피 안에서 연합되었다는 의미다. 하나님의 계약을 파기한 인간은 죽게 되어있다. 그리스도의 죽음은 계약 파기자를 대신하여 죽은 것이다. 그리스도의 죽음은 계약적인 것이고 그리스도가 죄인을 대신해 계약의 저주를 자신이 대신지고 죽은 것이다. (히9:12)

 그러므로 피로 맺었다는 것은 목숨 걸고 지키겠다는 맹세의식이고, 화해와 연합을 나타내는 한 몸 의식이다.
 팔머 로버슨은 언약을 정의하기를 '주권적으로 사역되는 피로 맺은 약정'이라고 했다. 또 한 가지 특징은 하나님의 언약은 쌍방 간에 책임이 따른다는 것이다.
 하나님의 언약은 하나님이 일방적으로 하셨지만 쌍무적인 책임이 따른다. 하나님은 우리에게 하나님의 언약대로 이루어주셔야 할 책임이 있고, 인간은 하나님의 말씀을 지키고 순종할 책임이 있다.

하나님께서 이같이 우리와 언약을 맺으신 목적은 우리로 하여금 하나님의 약속을 믿어 구원받게 하시려는 것이고, 하나님과의 바른 관계를 회복하여 영광을 받으시기 위함이다(요 20:31).

하나님의 언약은 독특한 형태를 띠고 있다. 하나님의 언약은 그 형태가 나선형처럼 반복되는 하나의 구심점을 가지고 발전해 나가고 확장되며 구체화되어진다.

또 하나님의 언약은 그 성격이 그때 그들에게만 국한된 언약이 아니다. 오늘 여기서 우리에게 하신 영원한 언약이다. 오늘, 여기에서 살아 있는 우리에게라는 현재성·복수성·영원성을 가진다. 하나님의 언약은 시대와 계층과 인종을 초월하여 적용되는 영원한 언약이다(신 5:23, 신 29:1415).

또한 하나님의 언약은 대표성을 띠고 있다. 아담에게 하신 언약은 인류를 대표한 언약이고, 아브라함의 언약도 믿는 자의 대표로서 맺은 언약이다.

하나님의 언약은 일정한 형식이 있다. 계약 당사자가 있고 계약 조건이 있다. 계약에 따르는 증표가 있고 계약의 범위와 의식들이 있다.

성경에 나타난 여러 가지 형태의 언약들을 살펴보면 하나님과 사람 사이의 언약이 있고, 사람과 사람 사이, 왕과 백성 사이, 나라와 나라 사이, 군신간의 언약 등이 있다.

성경에 나타난 여러 가지 언약은 시대와 상황은 각각 다르나 몇 가지 공통점이 있다. 계약 조건이 있고, 피로 맺었고, 증표가 있고, 한 몸이 되었다는 것이다. 그때 짐승의 피를 대신하기도 하고 때로는 자신들의 손이나 팔에 상처를 내어 맺기도 했다.

1장.
아담의 창조언약

언약이라는 용어는 창6:18에 처음 나오지만, 실제로 하나님께서 인간에게 하신 언약은 창조 시 부터다.

일반적 규례
하나님의 위임명령 (창1:26~28)

창조 시 인간의 위치는 하나님의 대리자로 위임받았다.
 하나님은 자기 형상, 곧 하나님의 형상대로 사람을 창조하시고 생육하고 번성하도록 복을 주셨으며, 하나님이 창조하신 피조물들을 다스리도록 위임해 주셨다. 인간은 하나님의 대리자로서 하나님이 창조하신 피조세계를 하나님의 뜻대로 다스리고 관리하고 보존할 책임을 위임받았다. 자연만물이 하나님의 선하신 뜻대로 조화를 이루어 하나님께 영광을 돌리도록, 하나님께서 사람에게 마치 오케스트라의 지휘자와 같은 직분을 맡겨주신 것이다.

하나님의 대리자로서의 왕권을 위임해 주신 것이다.

그러므로 하나님은 아담을 통하여 에덴에서 하나님의 나라를 세우셨다. 아담은 하나님의 주권 아래 하나님께 순종함으로써 하나님을 대신하여 모든 피조물들을 다스리고 관리하는 대표자로 임명되었다.

하나님은 인간의 생존에 필요한 기본적인 요소인 안식일과 결혼과 노동 규범을 주셨다.

안식일은 하나님 안에서 쉬는 날이다(창 2:3).

하나님은 만물을 창조하시고 일곱째 날에 안식하셨다. 하나님은 이 날을 복되게 하시고 거룩하게 구별하셨다. 안식일은 모든 피조물들이 하나님의 창조의 목적을 회복하고 그분께 영광을 돌리는 날이다.

영광($\delta o \xi \alpha$)이란 말은 하나님의 본질을 드러내는 것이다. 하나님의 성품, 하나님의 뜻, 하나님의 능력, 하나님이 하시는 일을 드러내는 것을 말한다.

하나님은 인간을 예배자로 세우셨다. 하나님을 예배함으로써 안식을 얻게 하셨다. 하나님은 인간을 창조하시고 하나님 안에서 먼저 쉬게 하셨다. 참된 안식은 하나님 안에 있을 때만 가능하다. 하나님은 이 날에 우리에게 복 주시고 하나님과 교제하게 하셨다. 우리가 안식일을 지키는 것은 "우주와 삼라만상의 모든 것들의 주인은 하나님이십니다"라고 고백하는 행위다. 우리는 하나님께 예배함으로써 쉬는 것이다(마 11:28).

안식일은 인간을 위해 있다. 하나님 안에서 안식할 줄 모르면 세상의 포로가 된다.

그러나 아담의 범죄 이후 인간은 참된 안식을 잃어버렸다. 하나님과의 관계가 깨짐으로 인간에게는 고난과 죽음이 왔다. 더 이상 참된 안식이 없다.

구원은 깨어진 첫 창조를 완성하는 재창조 사건으로서 첫 창조를 능가하는 사건이다. 그러므로 안식일을 지키는 이유가 '창조 기념'(출 20:8-11)에서 '구속 기념'으로 확장된다(신 5:12-15).

이것은 애굽과 같은 세상으로부터의 구속을 예표하는 신약을 내다보고 있다.

신약에 와서 안식일의 개념은 예수님의 죽음과 부활로 죄와 사망을 극복하고 재창조가 이루어진 주일로 바뀌게 되었고, 나아가 영원한 안식이 있는 새 하늘과 새 땅의 그림자가 되었다. 주일을 지키는 의미도 창조주이시며 구속주이신 하나님을 예배하는 데 있다.

결혼은 생육과 번성을 위한 생명과 사랑의 관계를 보여준다(창 2:22)

결혼은 인간의 생육과 번성을 위해, 나아가 하나님과의 관계를 보여주는 제도이다.

 하나님은 가정을 만드신 분이고, 최초의 중매자는 하나님이시다. "둘이 한 몸을 이룰지로다"(창 2:22). 결혼은 둘이 한 몸을 이루어 생육하고 번성하도록 하신 생명과 사랑의 제도다. 남편과 아내, 부모와 자녀 관계를 통하여 하나님과의 관계를 보여준다. 아담과 하와는 뗄 수 없는 합일체이고, 인격적인 면에서 동등하다. 남편과 아내는 서로 역할이 다르므로 서로 보완적인 관계가 되어야 한다.

가정의 주인은 하나님이시다. 두 부부 사이에는 반드시 주님이 계셔야 한 몸이 될 수 있고, 온전한 가정을 이룰 수 있다. 결혼 생활의 신비를 통하여 그리스도와의 연합, 하나님과 합일을 보여준다. 남자는 여자를 사랑하고 보호해야 하며, 여자는 남자를 도움으로 하나님을 영화롭게 해야 한다. 여자의 머리는 남자요, 남자의 머리는 그리스도요, 그리스도의 머리는 하나님이시다 (고전 11:3). 이혼이나 일부다처, 동성연애는 하나님의 결혼 질서에 위배된다.

또한 부모와 자식 간의 관계를 통해 아버지 되신 하나님과 하나님의 아들로서의 우리의 관계를 보여준다. 부부관계, 아버지와 아들 관계는 뗄 수 없는 사랑을 기초로 한 관계로서, 하나님과 인간의 관계 또한 사랑을 기초로 하고 있다. 그러나 애석하게도 성경은 끊임없이 하나님의 인간을 향한 일방적인 사랑과 인간의 배반사로 점철되어 있고, 하나님 아버지의 아들을 향한 아픈 사랑을 보여주고 있다.

노동은 인간의 본분이다(창 2:15).

하나님은 아담을 창조하시고 에덴동산에 두어 그것을 경작하며 지키게 하셨다. 노동은 창조의 규례로서 의무이며 축복이다. 모든 인간은 노동하도록 만들어졌다. 사람보다 먼저 하나님께서 일하셨다. 천지를 창조하시고 섭리하시는 신성한 노동을 하시고, 우리 인간에게도 하나님이 창조하신 피조세계를 다스리고 돌보는 일을 하게 하셨다. 사람의 모든 생체 기능은 움직이지 않으면, 일하지 않으면 살 수가 없게 되어 있다고 한다. 그러나 인간의 타락 이후 노동은 인간에게 수고와 고통의 짐이 되었다.

하나님은 안식일, 결혼, 노동과 같은 창조 언약을 통하여 인간의 생명과 관련된 가장 기본적이고 일반적인 규례를 주셨다.

특수규례

하나님은 창조 언약의 일반적인 규례를 주시고, 하나님의 형상대로 지음 받은 인간이 지켜야할 가장 중요한 특별한 규례를 주셨다.

여호와 하나님이 사람에게 명하여 이르시되 '동산 각종나무의 열매는 네가 임의로 먹되 선악을 알게 하는 나무의 열매는 먹지 말라 네가 먹는 날에는 반드시 죽으리라' 하시니라 (창2:16-17)

"선악을 알게 하는 나무의 열매는 먹지 말라 네가 먹는 날에는 반드시 죽으리라"
이것은 하나님의 일방적인 선포이다. 하나님의 금지 명령은 생명과 사망을 갈라놓는다. 지키면 살고 안 지키면 죽는다.
사람의 선택은 오직 먹지 않는 것이다. 아담이 에덴을 유지하고 살 수 있는 유일한 방법이다. 아담은 하나님의 말씀을 순종하는 행위로 온전할 수 있었다.

그렇다면 하나님이 왜 이런 명령을 하셨을까? 선악과 금지명령을 통해 무엇을 가르치고자 하셨는가?

선악과는 하나님의 주권을 나타낸다.

하나님은 만물의 주권자이시다. 하나님이 창조하신 만물은 하나님의 주권 아래 있다. 사람을 죽게 한 것은 선악과 자체에 독이 있어서 죽었다기 보다는, 하나님께서 먹으면 죽는다고 말씀하셨기 때문에 죽은 것이다.

하나님의 말씀을 듣지 않고 자기 마음대로 먹고자 하는 의지와 행위 때문에 죽은 것이다. 사람의 말을 듣지 않는다는 것은 그 사람에게 관심이 없다는 것이고, 그 사람의 인격과 말을 중요시하지 않는다는 것이다.
인간은 하나님의 말씀을 순종하며 살 때 에덴을 누리며 살 수 있는 존재다. 하나님의 주권을 상징하는 선악과는 죄짓기 전 아담에게는 성경과도 같은 역할을 했다.

선악과는 인간의 위치를 깨닫게 하는 것이다.

선악과는 창조주이신 하나님과 피조물인 인간과의 관계를 말해준다. 인간은 오직 하나님의 주권에 순종하고, 하나님을 의존하므로 살 수 있다는 것을 가르치는 상징과도 같은 것이다. 하나님은 선악과를 동산 중앙에 두심으로 아담의 모든 삶의 영역의 중심에 하나님의 명령을 기억하도록 하셨다.

범죄 하기 전 아담은 하나님과 비슷했다. 모든 지·정·의가 완전한 상태였고 제한성이 없는 상태였다. 하나님이 창조하신 피조세계를 다스리는 왕권을 위임받은 만물의 영장이었다.

그럼에도 불구하고 선악과를 볼 때마다 자기 위치를 발견해야 하고, 자신은 창조주가 아닌 피조물임을 인식해야 했던 것이다.

하나님은 선악과를 통해 하나님의 주권과 인간의 위치를 깨닫게 하고, 동시에 인간의 책임을 알게 하신 것이다.

이스라엘에 성지순례를 가면 길거리에 남자들이 머리에 하얀 호떡과 같은 실로 짠 터번을 쓰고 다닌다. 그 의미는 '나는 하나님 아래 있습니다'라는 표시라고 한다.

선악과는 자유의지에 대한 책임감을 가르친다.

자유의지는 하나님이 인간에게 주신 가장 큰 선물이다. 인간에게 자율적인 의지가 있다는 것은 인간이 하나님의 형상을 가졌다는 증거다. 그러나 자유의지를 하나님을 거역하고 범죄 하는데 잘못 사용되어질 때는 그에 따른 책임이 주어짐을 알아야 한다.

인간은 하나님의 선물인 자유의지를 바르게 사용하여 하나님의 계명을 순종해야 할 것을 가르친다. 하나님은 항상 인간이 마땅히 행해야 하는 행동의 지침을 말씀을 통하여 언약하시고 인간이 자율적으로 순종하도록 하셨다.

아담의 범죄
아담은 하나님의 명령을 거역하고 범죄 하므로 선악과 명령을 파기한다. (창3:1-6)

뱀은 여호와 하나님이 지으신 들짐승 중에 가장 간교하니라 (창3:1)

'간교하다' 는 단어는 아룸, 영리함, 지혜롭고 신중함, 조심성 있는, 부정적으로는 교활하고 간사함 의 의미가 있다.

사단의 사역방법은 질문을 던져 시험한다.
 뱀이 여자에게 물어 이르되 "하나님이 참으로 **동산 모든 나무의 열매를 먹지 말라 하더냐**"
 사단이 죄로 미혹하는 첫 단계는 하나님의 신적 진실성을 의심하게 한다.
 하나님께 반감을 갖도록 유도한다. 이간질하는 자의 특성이다.
 사단의 영성은 끈질기고 교묘하다. 우회적으로 접근하여 유사성을 가지고 말씀을 왜곡하고 가감하고 자의적으로 해석하고 편의적 적용을 한다. 늘 현실에 초점을 맞추게 하고 합리적인 생각을 하게 한다. 호기심을 불러 일으켜 반응을 보일 때 사단의 미끼가 된다. 사단은 대화의 상대가 아니다. 다만 물리칠 대상이다

하와가 사단에게 반응한다.

"동산 중앙에 있는 나무의 열매는 하나님의 말씀에 너희는 먹지도 말고 만지지도 말라 너희가 죽을까 하노라 하셨느니라" (창3:3)

말씀을 가감하고 약화시킨다. 말씀을 왜곡한다. 완전하지 않는 것은 흔들린다. 사단은 질문을 던져 이미 알고 있는 말씀을 완전히 믿는가 시험한다. 바로 알지 못하고 확신하지 못하는 말씀은 언제든지 흔들릴 수 있다. 확신하지 못할 때 사단에게 여지를 준다.

뱀은 하와가 반응을 보이자 기회를 놓치지 않고 공격한다.
"너희가 결코 죽지 아니하리라 너희가 그것을 먹는 날에는 너희 눈이 밝아져 하나님과 같이 되어 선악을 알 줄 하나님이 아심이니라"(창3:4-5)

하나님은 '반드시 죽으리라' 고하셨다. 영의 관점, 본질을 보신다.

사단은 '결코 죽지 아니하리라' 육의 관점, 현실을 보게 한다.

"하나님 같이 되어 선악을 알 줄 하나님이 아심이니라"
'하나님 같이 된다' 는 것을 부추기고, 하나님을 속 좁은 분으로 매도하고 있다. 믿음은 들음에서 나지만 (롬10:17) 시험도 들음에서 난다. 하나님의 말씀과 사단의 소리를 분별해야 한다. 사단은 치고 빠진다. 사단은 말로 유혹하여 하와의 마음을 흔들어 놓고 하와 자신의 손으로 선악과를 따먹게 한다.

'여자가 그 나무를 본즉 먹음직도 하고 보암직도 하고 지혜롭게 할 만큼 탐스럽기도 한 나무인지라 여자가 그 열매를 따먹고 자기와 함께 있는 남편에게도 주매 그도 먹은지라'(창3:6) 여자가 사단의 말을 듣고 본즉 먹음직하고 보암직했다. 죄는 듣는 것과 보는 것을 통해 들어온다.(요일2:16)

사단은 여자의 위치를 이용하여 아담을 넘어지게 한다. 결국 아담은 하나님의 언약을 파기하고 인간에게 죄가 들어오게 된다.
"그들은 아담처럼 언약을 어기고 거기에서 나를 반역 하였느니라" (호6:7)

죄의 결과 인간에게 죽음이 왔고 땅도 저주를 받았다. (창 3:10~19)

인간의 존재방식이 달라져 버렸다. 하나님을 의존해 살던 인간이 자기 스스로 하나님이 되어 사는 자기중심적인 존재가 되었다.
'한 사람으로 죄가 들어왔다' (롬5:12)

아담이 불순종하므로 에덴(땅)을 상실하고(창3:24) 하나님이 주신 왕권, 신분을 상실했다. 사단에게 왕권을 넘겨주고 사단의 종이 되었다. 하나님과 단절되어 생명을 잃었다. 죄의 결과 결국 죽음이 찾아왔다.

죽음이란 하나님과 단절되고, 육신이 죽어 흙이 되는 것이다. (창3:19)
마지막에 하나님의 심판을 받아 불 못에 던져지는 둘째 사망을 말한다.(계20:14),

꽃은 꺾는다고 당장 시들지 않는다. 그것을 꽃병에 꽂아 놓으면 오히려 핀다. 그러나 열흘도 못 되어 곧 시들고 만다. 이것이 인생이다. 하나님을 떠난 인간은 자기 에너지 속에 갇혀서 100년도 못 되는 인생을 자랑하며 제한된 자원을 두고 투쟁하는 것이 인간의 모습이다. 하나님의 무한하신 생명에서 떨어져 나온 순간 이미 본질적으로 죽은 것이다. 그러므로 인간은 죽음이라는 질병에 걸려 걱정과 근심, 미움, 거짓, 굶주림, 약육강식의 정글의 법칙에서 평생동안 죽음의 증상을 앓으며 살게 되고 결국 죽게 된다.

범죄의 결과 하나님의 형상을 잃어버렸다.
 하나님의 형상대로 지음 받은 아담이(창1:26-27) 창조 때의 하나님의 형상을 잃어버리고, 자기의 형상대로 아들을 낳아 죄의 대물림이 시작되었다.(창5:3)
 곧, 지정의 모양은 있으나 하나님이 주신 처음 것이 아닌 죄로 오염되어 더러워진 지정의 로 변질되었다.

2장
원시적 구원 언약

여자의 후손 (창3:15)
하나님은 범죄 한 인간에게 여자의 후손을 약속하셨다.

"내가 너로 여자와 원수가 되게 하고 네 후손도 여자의 후손과 원수가 되게 하리니 여자의 후손은 네 머리를 상하게 할 것이요 너는 그의 발꿈치를 상하게 할 것이니라"
(창3:15)

창조 언약은 하나님의 절대 주권 아래 인간이 순종하므로 하나님의 창조세계를 누리도록 하셨다. 그러나 아담이 그것을 파기하므로 인간은 스스로 돌이킬 수 없는 죄인으로 전락하게 되었고 하나님과 완전히 단절되었다. 하나님은 죄의 포로가 된 인간을 포기하지 않으시고 여자의 후손을 보내어 뱀의 머리를 상하게 할 것을 언약하셨다. 이것은 여자의 후손을 통한 구속언약이고 원시적 형태의 메시야 언약이다.

하나님의 딜레마를 절묘하게 해결할 수 있는 해답이 '여자의 후손'이다.

인간의 죄 값을 갚기 위해 하나님이 사람으로 오시는 것이다.

여기서 하나님의 구속사가 출발하고 있다. 세상 역사의 본질은 사실상 하나님의 구속사이다.

여자의 '후손'은 원문으로 (זֶרַע 쩨라)인데
그 뜻은 씨, 씨 뿌리기, 자손 등을 의미한다.

언약사상에서 '씨'의 개념은 매우 중요하다. 여자의 후손인 '씨'는 아브라함의 씨로 언약되고 (창22:18) 다윗의 씨로 이어져 (삼하7:12) 예수그리스도에게 집중된다.

갈3:16 이 약속들은 아브라함과 그 자손에게 말씀하신 것인데 여럿을 가리켜 그 자손들이라 하지 아니하시고 오직 한 사람을 가리켜 네 자손이라 하셨으니 곧 그리스도라

갈4:4 때가 차매 하나님이 그 아들을 보내사 여자에게서 나게 하시고 율법 아래에 나게 하신 것은

'여자의 후손' 언약은 구속사의 씨앗과도 같은 복음이다. 씨앗은 그 자체로 잎이나 줄기, 꽃이나 열매가 보이지 않으나, 땅에 심으면 이런 것들이 다 나타나는 것처럼, 하나님은 "여자의 후손"으로 오실 구원자 메시아 예수 그리스도를 보내실 것을 약속하시고 구속사를 통해 이 약속을 이루어 가신다. 창세기 3장부터 펼쳐지는 구속사는 메시아 예수 그리스도를 통해 인간 구원의 역사를 이루어 가시는 하나님의 언약의 성취 과정이다.

가죽옷(창3:21)

여호와 하나님이 아담과 그의 아내를 위하여 가죽옷을 지어 입히시니라 (창3:21)

하나님은 아담과 하와를 위하여 가죽옷을 지어 입히신다.
금방 말라버리는 무화과 잎으로는 수치를 가릴 수가 없다. 하나님은 아담과 하와에게 가죽옷을 지어 입히므로 수치를 가리게 하셨다. 짐승을 죽여 피를 흘림으로 그 가죽으로 인간의 수치를 가리도록 하셨다. 이것은 장차 오실 메시아의 그림자로서, 피 흘림이 없이는 사함이 없다 (히9:22) 는 원리를 보여 주고 있고 장차 오실 메시아가 제물이 되어 죽으므로 그 피로 인간의 죄를 덮어 주는 죄 사함의 모형을 보여주고 있다.

가죽옷 사건은 또한 하나님이 일하시는 양면성을 보여주는데 현실적 필요와 영적 의미를 함께 포함하고 있다.

하나님이 아담과 하와를 에덴에서 쫓아내심

선악을 아는 일에 우리 중 하나 같이 되었으니 그가 그의 손을 들어 생명나무 열매도 따 먹고 영생할까 하노라.(창3:22)

하나님이 아담과 하와를 에덴에서 쫓아내시고 에덴 동쪽에 그룹들과 두루 도는 불 칼을 두어 생명나무의 길을 지키게 하셨다.(창3:24)

하나님은 죄인 된 상태로 인간이 영생하는 것을 막으셨다. 그렇게 되면 인간은 영원히 하나님과 함께할 수 없기 때문이다. 하나님은 에덴에서 아담과 하와를 내보내시고, 에덴동산 동쪽에 그룹들과 불 칼을 두어 생명나무의 길을 지키게 하셨다. 에덴에서 쫓아내신 것이 하나님의 은혜이다. 죄 문제를 해결하고 우리가 하나님 앞에 설 때 생명나무의 길이 열릴 것이다. (계22:1~2, 14)

하나님은 범죄 한 인간에게 '여자의 후손'을 언약하시고 그 언약을 이루어 가시기 위해 셋의 후손을 통하여 거룩한 씨를 보존해 가신다.(창4:25, 5장) 이후 성경의 내용은 여자의 후손에 대한 계보가 흘러가고 있다. 여자의 후손으로 오실 구원자 메시야에 초점을 맞추고 있다. 여자의 후손으로 오실 그리스도가 인간의 죄 문제를 해결하고 하나님의 나라를 회복하실 것이다.

3장
노아의 보존언약(창6:18)

하나님의 심판계획

사람이 땅위에 번성하기 시작할 때에 하나님을 섬기는 경건한 셋의 후손들이 하나님이 없는 불경건한 가인계통의 여자들을 데려와 살면서 세상은 무질서 해지고 힘이 지배하는 세상이 되어 죄악이 난무하게 되었다.(창6:1~7)

온 땅이 하나님 앞에 부패하여 포악함이 가득하고 땅위에 숨쉬는 모든 인간의 행위가 하나님 앞에 부패했다.

여호와께서 사람의 죄악이 세상에 가득함을 보시고 근심하셨다. 또 그들의 마음의 생각과 계획하는 것들이 항상 악할 뿐임을 보시고 땅위에 사람 지으셨음을 한탄하셨다.

하나님은 자신이 창조한 사람을 지면에서 쓸어버리기로 작정하시고 사람뿐 아니고 땅 위의 짐승들과 공중의 새까지도 다 쓸어버리기로 작정하셨다.

하나님은 세상을 심판하시는 중에도 자신의 언약을 신실하게 지키시기 위하여 노아 가족을 선택하시고 보존하신다.

그러나 노아는 하나님께 은혜를 입었다.(창6:8)

노아는 어떤 사람인가? 노아는 의인이요 당대에 완전한 자라고 했다.(6:9)

노아가 어떻게 살았기에 하나님께서 의인이라, 완전한자라고 하셨는가?

노아는 하나님과 동행하였다고 했다. '동행' 이라는 단어는 히브리어 '할라크'로서 그 뜻은 함께 걷다, ~을 따라서 행동하다, 연습하다 등의 의미가 있다. 이 말은 노아가 자기 자신을 쳐서 하나님의 뜻에 맞춰 걸어 나갔다는 뜻이다.

당시 땅의 모든 혈육 있는 자가 부패하고 강포가 가득 찬 세상에서 노아는 의인이라고 하신다. 이것은 상대적인 '의'를 말한다. 하나님은 상대적인 '의'도 귀히 보신다.

'당대에 완전한자' 라는 말은 부패하고 죄악이 가득한 세상 사람들과 살면서 도덕적으로 정직하고 성실하며 신앙적으로 성결하여 하나님을 경외하며 섬기는 것이고
하나님과 사람 앞에서 부끄럽지 않게 살려고 노력하는 자라는 뜻이다.
 노아가 그렇게 살 수 있었던 것은 노아의 삶이 하나님과 동행하는 삶이었기 때문이다.

'동행' 이라는 단어는 히브리어 '할라크'로서 그 뜻은 함께 걷다, ~을 따라서 행동하다, 연습하다 등의 의미가 있다.
 이 말은 노아가 자기 자신을 쳐서 하나님의 뜻에 맞춰 걸어 나갔다는 뜻이다.

 죄악으로 가득 찬 세상에서 하나님은 노아를 선택하셔서 인류를 보존하신다. 노아는 은혜를 입은 것이다. 하나님의 은혜가 앞서고 동행이 뒤따른다. 하나님의 은혜와 인간의 동행이 함께 간다.

하나님은 노아와 언약을 세우신다.
'여자의 후손' 언약을 이루시기 위해 경건한 노아가족을 홍수 심판으로부터 보존하신다는 언약이다. (18)

하나님은 노아와 그 가족들, 혈육 있는 모든 생물들을 이끌어 방주로 들어가 생명을 보존하라고 하신다. 하나님이 홍수를 일으켜 생명이 있는 모든 육체를 멸절시키시고 땅에 있는 것들이 다 죽을 것이라고 하신다. (17)

방주를 만들라 (창6:14~20)
"너는 고페르 나무로 방주를 만들라"(6:14)고 하신다. 고페르나무는 잣나무 혹은 전나무라고도 우리말로 번역되기도 했으나 정확한 것은 아니라고 한다. 노아 당시에 주변에 있었던 나무인 것 같다. 고페르 라는 이름의 뜻은 '덮다'라는 의미다. 방주는 오늘날 교회요 예수그리스도를 예표한다.
"칸들을 막고" 노아의 가족과 각종 동물들을 종류대로 유치하기 위한 장소를 만들라는 것이다.
"역청을 그 안팎에 칠하라" 역청은 도로에 까는 아스팔트인데 물이 들어오지 못하도록 막는 방수제다. 세상풍조, 방법, 사상, 세상 것들이 들어오지 못하도록 막으라는 영적 의미이기도 하다.

'칠하다'의 단어는 히브리어 카파르 כפר로서 그 의미는 덮다, 가리다, 용서하다는 뜻이다. 이 단어는 지성소에 법궤를 덮는 뚜껑인 속죄소, 시은좌와 같은 단어다. (출25:17) 법궤 위에 제물의 피가 뿌려져 자기 백성의 죄를 덮어주시고 용서해 주신 것처럼 하나님은 노아가족을 홍수심판으로부터 덮어서 가려 주시고 용서해 주신다는 뜻이다. 곧 홍수 심판으로부터 건져 주신다는 것이다.

"방주로 들어가라"(18)는 것은 교회 안에 머물라, 예수 안에 거하라는 의미다.

"창을 내라"(16) 채광과 통풍을 위해서 창을 내라고 하신다. 참으로 자상하신 하나님의 배려시다. 하늘을 향해 문을 열라, 기도의 문을 열라고 하신다. 다니엘이 예루살렘을 향해 창문을 열고 하루 세 번씩 기도했다. (단6:10)

"양식을 준비하라"(21) 방주 안에서 살기 위해서는 양식을 저축해야 한다. 자기와 가족들, 모든 짐승들이 먹을 양식을 준비해야 한다. 우리도 마지막 환난 때를 대비하여 말씀을 먹고 준비해야 할 것을 말한다.

"하나님이 자기에게 명하신대로 다 준행하였더라"(22)

노아는 하나님의 말씀에 다 순종했다. 부분적인 순종은 불순종이다. 하나님의 일꾼들의 특성은 하나님이 명하신대로 다 순종하는 신실한 사람들이었다. (출 40:16)

노아의 방주

떠 있기만 하도록 설계된 3층으로 지어진 배다. 우리 인생길은 우리가 운전하고 노를 저어 가는 길이 아니다. 우리는 그냥 물 위에 떠 있기만 하면 하나님께서 살려주시고 인도해 주신다. '방주'에 사용된 단어 테바 תֵּבַת 는 아기모세를 담아 나일강에 띄웠던 갈대상자와 같은 단어다. (출2:3) 모세의 어머니 요게벳이 갈대 바구니를 만들어 안에 역청을 칠하고 아기모세를 나일강에 띄워 보냈던 것이다.

홍수심판

노아의 나이 600세 되던 해 2월 17일 홍수가 시작되어 사십 주야로 계속되었고 땅에 생명을 가지고 움직이는 생물들은 다 죽었다. (창7:21)

물이 150일 동안 넘쳤고 그 후에 줄어들기 시작하여 방주가 아라랏 산에 머물렀고 노아가 방주에 들어간 지 382일, 1년 17일 만에 노아가족과 짐승들이 다 방주에서 나왔다. 하나님은 방주에서 나온 노아와 그 아들들에게 생육하고 번성하여 땅에 충만하라고 복을 주신다. (창1:28)

홍수 후의 노아의 언약 (창9:8-17)

'자라보고 놀란 가슴 솥뚜껑 보고 놀란다'는 말이 있다. 노아와 그 가족들에게는 살면서 가장 두려운 경험이 바로 홍수였을 것이다. 천둥이 치고, 번개가 번쩍이고, 비가 내리면 홍수를 경험했던 그들은 두려울 수밖에 없었을 것이다.

하나님은 노아와, 그 가족들, 모든 생물에게 언약을 세우신다. 다시는 홍수로 멸하지 않겠다. 땅을 멸할 홍수가 다시는 있지 않을 것이다.(9:11) 이것은 너희와 모든 생물 사이에 대대로 세우는 영원한 언약이다.

언약의 증표는 무지개다. 무지개가 구름사이에 나타나면 하나님께서 보시고 땅의 모든 생물과 세운 언약을 기억하리라고 하신다. 이것은 두려워하는 노아와 그 가족들에게, 또 모든 생물들에게 샬롬!을 전하는 것이다. 우리가 두려운 환경에서 하나님의 약속을 붙들 때 샬롬이 온다.

죄로 가득 찬 인류를 홍수로 쓸어버리시는 과정에서 하나님은 노아의 가정을 보존하시고 다시 번성케 하신다. 성경은 하나님의 은혜와 인간의 범죄, 하나님의 심판과 구원의 사이클이 반복되고 있음을 보여준다.

인류의 집단 반역 사건 (창11) 바벨탑

지금까지 인류는 한 조상 아래 같은 언어를 사용해 왔다. 그들은 홍수 이후 아라랏 주변에 살다가 남동쪽으로 내려와 바벨론 지역의 비옥한 평지에 정착하여 살았다.

그들은 시날 평지에서 하나님을 반역하는 바벨탑을 쌓았다.

흙으로 벽돌을 만들어 불에 구워 단단한 돌이 되게 하고 역청을 발라 접착제로 사용하여 성읍을 건설하고 높은 탑을 쌓았다. 그들의 목적은 탑 꼭대기를 하늘에 닿게 높이 쌓아서 자신들의 이름을 내며 온 지면에 흩어짐을 면하고자 함이었다.

이들은 전혀 하나님을 의지하지 않고 자신들의 힘으로 자신들의 명예를 내고 홍수 같은 하나님의 심판도 인간 자신의 힘으로 막아내겠다는 것이다. 이것은 인간의 삶 속에서 하나님을 뺀, 하나님 없이 자신들의 힘으로만 살겠다는 하나님께 대한 반역이고, 하나님께 도전하는 것이다. 세상 나라의 전형이다.

인간은 창조 때부터 하나님만을 의지하며 살도록 지음 받았다. 그리고 오직 하나님의 이름만을 드러내며 살도록 하였고, 온 땅에 흩어져 생육하고 번성하라는 것이 인간을 향한 하나님의 뜻이다.

그러나 이들은 하나님을 배제하고 인간들끼리 서로 의논하고 뭉쳐서 하나님을 반역하고 있는 것이다. 이들은 서로 말이 통하니 하나로 뭉칠 수 있었고, 하나의 언어는 하나님을 반역하는 데 효과적으로 사용되었다. 하나님이 그것을 보시고 언어를 혼잡케 하여 서로 알아듣지 못하게 하셔서 흩어 버리셨다. 이것이 인류가 집단적으로 하나님을 반역한 바벨탑 사건이다.

바벨(בבל)의 뜻은 섞다, 혼잡하다는 의미이다.

언어는 하나님이 인간에게 주신 가장 큰 선물이다. 인간에게 언어를 주신 것은 하나님과 대화하기 위한 것이고, 또 사람과 대화를 통해 하나님께 영광을 돌리기 위한 것이다. 하나님이 주신 언어가 하나님을 대적하는 수단이 되었을 때, 하나님은 흩으셨다.

언어를 혼잡하게 하셔서 서로 알아듣지 못하게 하셨다. 하나님의 뜻과 관계없는 인간의 모의는 하나님께서 흩으신다.

그러나 하나님께서 흩으신 언어가 성령 안에서 통하게 되는 것을 보게 된다. 오순절에 제자들이 마가의 다락방에서 성령을 받고 나가서 복음을 전할 때, 그들은 각 지방의 언어로 예수가 그리스도이심을 선포하게 되었다. (행2:8)

창세기 11장의 바벨탑 사건은 제2의 선악과 같은 집단 배도 사건이고, 하나님을 거부하고 도전하는 집단 범죄 사건이다.

창세기 11장 후반부는 셈의 족보가 나오며 마지막에 데라까지 연결된다.

이는 구속사의 계보를 이어가는 셋의 후손들의 기록으로(창 5:3~32) 이 족보는 노아의 아들 셈으로부터 시작하여 아브람의 아버지 데라까지 소개하고 있다.

홍수 사건과 바벨탑 사건을 전후로 하여 노아와 아브람을 상호 연결시켜 주는 교량 역할을 하고 있다.

창세기는 크게 두 부분으로 나뉜다. 1장부터 11장까지는 원역사, 태고사에 대한 기록이고 12장부터 50장까지는 4대 족장들을 통한 하나님의 언약의 대물림이 전개된다.

이제 하나님은 구속사의 무대에 아브람을 등장시키신다. 인류가 집단적으로 하나님을 반역하고 흩어지게 된 바로 그곳에서 하나님은 아브람을 선택하시고 부르신다.

창세기 11장은 인류가 집단적으로 하나님을 반역하는 세상 나라 속에서 12장은 하나님께서 아브람을 불러내어 하나님 나라를 세우신다. 하나님은 포기하지 않으시고 자신의 언약을 이루어 가신다.

바벨탑 사건에 대비한 신정 국가 창설로 여자의 후손 언약을 성취해 가신다.

비유하자면 하나님은 '여자의 후손'이라는 원시 복음의 씨앗을 아브라함의 가정에 심으신다. 그러므로 아브라함을 통하여 구속사의 물줄기가 터져 나간다.

4장
아브라함의 씨 언약

하나님께서 아브람에게 일방적으로 언약하신다.

언약의 내용은 ✸ 땅을 주시겠다.

✸ 큰 민족(자손)을 이루어 주시겠다.

✸ 이름을 창대케 하고 복이 되게 하겠다.

✸ 너를 축복하는 자에게 내가 복을 내리고 너를 저주하는 자를 내가 저주하겠다

땅의 모든 족속이 너로 말미암아 복을 얻을 것이다, 라고 언약하신다.

국가를 이루는 세 가지 요소는 먼저 국토가 있어야 하고, 국민이 있어야 하고, 주권이 있어야 한다.

 하나님께서 아브람에게 하신 언약은 사실상 국가를 이루시겠다는 언약이다.

 땅은 가나안 땅을 의미하고, 영적으로는 교회, 우리의 심령, 궁극적으로 천국을 의미한다.

자손은 씨를 말한다. 자손 '씨'는 집합명사로서 문자적으로는 아브람의 후손 이스라엘을 말하고 궁극적으로는 아브람의 씨를 통해 오실 메시아 예수 그리스도를 뜻한다.

갈 3:16 이 약속들은 아브라함과 그 자손에게 말씀하신 것인데 여럿을 가리켜 그 자손들이라 하지 아니하시고 오직 한 사람을 가리켜 네 자손이라 하셨으니 곧 그리스도라

또 아브람의 자손으로 오실 예수 그리스도를 믿음으로 구원받을 신약의 성도들을 의미한다. 그러므로 아브라함은 모든 믿는 자들의 조상이다. (갈3:7)

주권은 하나님이 왕으로서 말씀으로 통치하시겠다는 것이다.

결국 하나님께서는 아브라함을 통하여 하나님의 나라를 세우시겠다는 것이다.

아브라함의 언약의 초점은 "그의 씨로 오실 예수 그리스도를 통하여 모든 족속이 복을 얻으리라"는 구속사에 맞춰져 있다.

여기서 한 가지 알아야 할 것은 아브람의 언약을 해석하는 데 있어서 유대주의자(시오니즘)들의 관점과 기독교의 관점이 다르다는 것이다.

유대주의자(시오니즘)들의 관점은 "아브라함이" 복을 받을 것이다. 민족주의적 해석을 한다.

그러나 기독교의 관점은 "땅의 모든 족속"이 너로 말미암아 복을 얻을 것이다. 로 해석한다.

모판이 필요한 것은, 모판의 목적은 다른 여러 논에 모내기하기 위함이다.

하나님은 이스라엘을 하나님 나라의 모판으로 선택하셨다. 하나님께서 아브라함을 선택하신 것은 아브라함의 씨로 오실 '여자의 후손' 메시아를 통하여 천하 만민을 구원하시려는 것이다.

아브라함의 언약은 출발부터 예수 그리스도를 바라보고 있다. 네 씨로 오실 메시아를 통해 천하 만민이 복을 받게 될 것이라는 것이다. 예수 그리스도를 통한 세계 선교에 초점을 맞추고 있다. 천하 만민이 복, 구원을 받게 될 것이라는 말이다. (갈3:8)

가나안을 기업으로 주겠다는 것은 단순한 땅을 주신다는 의미가 아니다.

가나안 땅은 수많은 열방 가운데 둘러 있는 곳으로서, 지정학적으로 세계 중심이다.(겔5:5)

아브라함을 불러내어 가나안 땅을 기업으로 주신 것은, 여호와의 종교 선교사로서 그 땅의 모든 족속들에게 선교하기 위함이다.

"네 씨로 오실 메시아" 아브라함은 복의 전달자로 부름을 받은 것이다.

복은 예수 그리스도다. 죽음 병에 걸린 인간을 위해 "예수 그리스도의 피"라는 약(신약, 구약)을 주어 생명을 살리시겠다는 하나님의 계획인 것이다. 그것의 전달자로 아브라함(그리고 나)을 불러내신 것이다.

창세기 3:15 "여자의 후손' 언약이 이렇게 아브라함에게 구체화되고 있는 것이다.

계약식 창15:1-21

하나님은 창12:1-3에서 아브라함에게 언약하시고 창15장에서 구체적으로 계약을 체결하신다.

14장에서 아브라함은 포로 된 조카 롯과 그 가솔들을 자기 집에서 훈련된 318명의 군사를 이끌고 가서 찾아온 후, 언제 다시 그돌라오멜과 그 연합군들이 재정비하여 쳐들어올지 모르는 두려운 상황이었다.

그때 하나님은 아브라함에게 "아브라함아 나는 네 방패요 지극히 큰 상급이라"고 하셨다. 그때 아브라함은 "주께서 내게 씨를 주지 않으셨으니 내 상속자는 내 집에서 기른 종 엘리에셀로 삼겠습니다."라고 한다. 이에 하나님은 "아니라 네 몸에서 날 자가 네 상속자가 될 것이다"고 하면서 아브라함을 이끌고 나가 하늘의 뭇별을 보여주며 "네 자손이 이와 같으리라"라고 하셨다.

창 15:6에 "아브람이 여호와를 믿으니 여호와께서 이를 그의 의로 여기시고"라고 했다. 아브람이 자손에 대한 약속을 믿었다. 하나님이 또 아브람에게 "나는 이 땅을 네게 주어 소유를 삼게 하려고 너를 갈대아인의 우르에서 이끌어 낸 여호와니라"

그때 아브람이 "여호와여! 내가 이 땅을 소유로 받을 것을 무엇으로 알 수 있습니까?"하고 확인하니, 하나님께서는 아브람에게 "나를 위해 삼 년 된 암소와 삼 년 된 암염소, 삼 년 된 숫양, 산비둘기, 집비둘기 새끼를 가져오라"고 하신다. 하나님이 지금 무엇을 하시겠다는 의미인가? 짐승을 쪼개 놓고 계약식을 하시겠다는 것이다.

땅에 대한 언약을 믿지 못한 아브람에게 하나님이 자신의 생명을 걸고 아브람에게 언약하시겠다는 것이다.

아브람이 하나님의 말씀대로 그 짐승들을 가져다가 중간을 쪼개고 쪼갠 조각을 양쪽에 마주 대하여 놓았다. 비둘기는 쪼개지 않고 양쪽에 하나씩 놓았다.

해질 때에 아브람의 깊은 잠 가운데서 하나님이 아브람에게 "네 자손이 이방의 객이 되어 그들을 섬길 것과 400년 동안 괴로움을 당할 것, 그들이 큰 재물을 가지고 나오리라는 것을 말씀하시고, 네 자손이 4대 만에 이 땅에 다시 돌아오리라"고 하셨다.

"해가 져서 어두울 때에 연기 나는 화로가 보이며 타는 횃불이 쪼갠 고기 사이로 지나더라" (17)

하나님이 쪼갠 고기 사이로 홀로 지나가셨다. 이것은 땅의 언약을 믿지 못하는 아브람에게 "네게 한 언약은 내 생명을 걸고 한 약속"이라는 확증을 보여주신 것이다.

즉, 이것은 언약의 관습에서 이 언약을 파기할 때는 하나님께서 죽으시겠다는 선언이고, 언약의 확증식으로 하나님께서 지금 아브람에게 계약식을 하고 계신 것이다.

 이같이 하나님의 언약은 하나님의 생명을 걸고 우리에게 하신 것이다.

 계약 관계는 두 가지 형식이 있다. 동등한 관계에서 맺는 계약, 주종 관계에서 맺는 계약이 있다.

 동등한 관계에서 맺는 계약은 쪼개 놓은 짐승의 조각 사이를 두 사람이 같이 지나간다.

 그러나 주종 관계의 계약은 쪼개 놓은 짐승의 조각 사이를 종만 지나간다.

 타는 횃불이 쪼개 놓은 고기 사이로 지나갔다. 아브람이 지나갈 자리에 하나님이 대신 지나가셨다. 구원의 언약은 사람이 개입할 수 없다. 하나님이 일방적으로 하셨다.

하나님이 홀로 지나가셨다. 이것은 아브람에게 하신 언약이 쌍방 계약이 아닌 하나님의 일방적인 계약임을 말한다. 아브람의 신실성 여부와 관계없이, 하나님이 생명을 걸고 주도적으로 이루어 가실 것을 친히 보여주신 것이다.

첫 사람 아담이 파기한 언약의 죗값을 그리스도께서 우리를 대신하여 죽음의 저주를 받으셨다. (갈3:13~14) "주권적으로 사역되는 피로 맺은 약정"이다.

"그 날에 여호와께서 아브람과 더불어 언약을 세워 이르시되 내가 이 땅을 애굽 강에서부터 그 큰 강 유브라데까지 네 자손에게 주노니"(창15:18)

이렇게 언약하시고, 여러 족속이 살고 있는 그 땅을 주시겠다고 언약하신 것이다.

'주노니'는 주었다, (נתתי, 나타티) 계약 완료 상태다. 내가 이미 주었다는 뜻이다.

하나님은 계약과 동시에 그 계약이 효력이 발생한 것처럼 말씀하신다. 언약에 신실한 하나님은 비록 천국의 영생을 온전히 얻지 못했을지라도 이 땅에서 이미 영생을 소유한 자의 특권을 주셨다. 우리는 그 하나님의 언약을 믿음으로 미리 영생을 경험하고, 그 안에서 누리고 사는 것이다.

"믿음은 바라는 것들의 실상이요 보이지 않는 것들의 증거니"(히11:1)

우리의 구원은 하나님의 일방적인 언약의 준수로 이루어진 것이다. 아브람과 우리는 단지 하나님의 언약을 믿음으로 바라보며 기대하는 것이다.

창15:6 "아브람이 여호와를 믿으니 여호와께서 이를 그의 의로 여기시고"

실상은 이 믿음까지도 우리의 것이 아니라, 그 출처는 하나님에게 있다. 하나님이 은혜로 주셔서 믿게 하신 것이다.

"너희는 그 은혜에 의하여 믿음으로 말미암아 구원을 받았으니 이것은 너희에게서 난 것이 아니요 하나님의 선물이라"(엡2:8)

하나님은 이렇게까지 하시면서 아브람의 믿음을 키우시고 믿게 하신 것이다. 믿음은 하나님과 인간 사이를 연결하는 유일한 고리다.

아브라함의 믿음(히11:8-19)

아브라함은 하나님의 약속을 믿음으로 받았다. 그 약속의 내용은 '씨'와 '땅'에 대한 약속이다.

아브라함은 가나안 땅을 주신다는 약속을 받았으나 실상 자신은 나그네로 살았다. 가나안 땅에서 아내 사라가 죽었을 때 매장할 땅이 없어 헷 사람에게 매장지를 샀다.

씨를 기대할 수 없었던 나이에 이삭을 낳았고 자신의 씨를 통해 메시아가 올 것을 믿고 멀리서 바라보고 기뻐했다. (히11:13)

바울은 하나님께서 아브라함에게 약속하신 씨, 후사가 예수 그리스도이심을 분명히 밝힌다. (갈3:16)

예수님도 친히 말씀하시기를 "너희 조상 아브라함은 나의 때 볼 것을 즐거워하다가 보고 기뻐하였느니라" (요8:56) 고 증언하셨다.

아브라함은 하나님의 언약이 반드시 이루어질 것을 믿음의 눈으로 보고 그 약속을 유업으로 받은 것이다. 아브람은 하나님을 믿음으로 의롭다고 인정받았다 (창15:6)

구원에 있어서 아브라함의 믿음이나 오늘 우리의 믿음도 그 내용은 동일하다.

그러므로 구약이나 신약이나 구원은 오직 예수 그리스도를 믿음으로 받는 것이다. 구원은 예수 그리스도를 믿음으로 받는 하나님의 선물이다. 아브람은 하나님이 하신 약속을 믿고 멀리서 바라보며 오실 메시아를 믿음으로 구원받은 것이요, 신약시대 제자들은 눈으로 보고, 듣고 만진 예수를 믿음으로 구원받은 것이고, 오늘 우리는 이미 2천 년 전에 오신 예수를 믿음으로 구원받는 것이다. 각각 사람의 위치만 다를 뿐이다.

언약의 증표 (할례) 창17:7-14 (언약백성의 신앙고백)
할례는 언약 백성이 몸에 지닌 언약의 증표다. 하나님은 아브람과 그 자손들에게 몸에 할례를 받으라고 명하신다.

할례의 규정은 이스라엘 백성 남자는 난 지 팔일 만에 다 받아야 하고 후손 대대로 받아야 한다. 집에서 난 자나 돈으로 산 종들도 다 받아야 한다.

할례는 남자의 생식기 포피를 베어 피를 흘리므로 언약의 증표를 자신의 몸에 간직하는 것이다. 언약은 피로 맺은 것이다. 만약 할례를 받지 않으면 그 백성 중에서 끊어진다. 여자는 가장이 받으면 인정된다.

할례의 의미

하나님은 해학적이고 실질적인 기가 막힌 시청각 교육을 하신다.

할례를 통하여 몸에 언약의 증표를 두시고 네 평생 하루에도 몇 번씩 네 살에 박힌 여호와의 언약을 기억하라는 것이다.

또 네 씨를 통해 메시야가 오실 것이다. 너는 거룩한 언약 백성이니 이방인과 잡혼하지 말고 순결을 지키라.

언약 백성으로 공동체 의식을 가지고 하나님의 언약에 자발적으로 순종하라는 의미가 함축되어 있다.

할례는 당시 중동 지역에서 다른 부족들도 행한 널리 퍼진 성년 의식이었다.

하나님께서 아브라함에게 언약에 대한 특별한 종교적 의미를 부여하신 것이다.

 할례는 죄악 된 옛 사람을 버리는 정결 의식이고, 거듭난 새 생명의 정화를 상징한다.

생명의 번식 기관인 생식기에 할례를 받음으로 아브람의 씨로 오실 메시야에 대한 하나님의 언약을 기억하게 하고 하나님 백성으로서의 삶의 성결을 요구하는 표징이다.

 할례는 하나님의 언약을 살에 박아 두는 것으로서, 하나님과 언약 백성은 뗄 수 없는 관계이고, 그러므로 그들의 삶은 구별되어야 하며, 그 씨를 통해 메시아가 올 것을 확인시키는 것이다.

 할례는 신약에서 세례를 예표한다. (골2:11~12) 그리스도를 믿음으로 마음에 할례를 받아야 한다.

언약의 증표 - 이름을 바꿔 주심 (외적, 사회적 존재 변화)

하나님은 아브람과 사래의 이름을 바꿔 주심으로 하나님의 언약이 그들과 함께 있음을 인식시키신다. 그들 존재의 변화를 외적 사회적으로 드러내신다.

창17:4. 보라 내 언약이 너와 함께 있으니 너는 여러 민족의 아버지가 될지라

5. 이제 후로는 네 이름을 아브람이라 하지 아니하고 아브라함이라 하리니 이는 내가 너를 여러 민족의 아버지가 되게 함이니라

창17:15. 하나님이 또 아브라함에게 이르시되 네 아내 사래는 이름을 사래라 하지 말고 사라라 하라

16. 내가 그에게 복을 주어 그가 네게 아들을 낳아 주게 하며 내가 그에게 복을 주어 그를 여러 민족의 어머니가 되게 하리니 민족의 여러 왕이 그에게서 나리라

하나님은 아브람의 이름을 아브라함으로 사래의 이름을 사라로 바꿔 주신다.

바꿔 주신 이름 속에는 하나님의 언약이 들어있다.

아브람(אַבְרָם)의 이름의 뜻은 아브-아비, 람-높은을 의미하고 그 뜻은 존귀한 아버지, 큰 아비이다. 아브람에서 아브라함으로 바꿔 주시는데

아브라함(אַבְרָהָם)은 여러 민족의 아버지, 열국(무리의) 아버지라는 뜻이다.

사래(שָׂרַי)는 여주인, 나의 공주에서 사라(שָׂרָה)
열국의 어미, 여러 민족의 어미로 바꿔 주신다.
새 이름 '아브라함'과 '사라'의 이름 속에
하나님의 이름을 넣어 주신다.
하나님의 이름 יהוה 예호와 (아도나이)에서
ה (헤) 자를 아브라함과 사라의 이름에 넣어 주신다

아브라함 אַבְרָהָם ← 아브람 אַבְרָם
사라 שָׂרָה ← 사래 שָׂרַי

이름을 주신다는 것은 이름을 받는 자의 소유권자를 의미한다. 아브라함과 사라는 하나님으로부터 새 이름을 받으므로 언약 안에서 하나님의 소유가 되었고 신분이 바뀌었다.

하나님께서 아브라함과 사라의 존재에 들어오신 것이다. 아브라함과 사라는 하나님의 언약의 파트너가 되었고 하나님의 소유가 되었다.

그러므로 '큰 아비' 동네 족장에서 하나님이 아브라함의 존재에 들어오심으로 '열국의 아비'가 되었다. 사라도 '여주인'에서 '열국의 어미'가 되었다.

미국인들이 결혼하면 여자가 남편의 성을 가진다. 아브라함과 사라도 하나님께 속한 존재가 되어 신분이 바뀌었다. 아브라함과 사라의 새 이름은 하나님의 언약 성취에 대한 보증이다.

사라가 낳은 아들을 통해, 곧 아브라함의 씨를 통해 만왕의 왕이신 그리스도께서 오심을 예시하는 예언적 메시지를 함축하고 있다.

하나님의 소유에는 거룩할 성(聖)자가 붙는다. 성전, 성물, 성미, 성도(聖徒)

이것은 하나님 소유라는 의미이고 성도는 하나님의 호적에 들어갔다는 뜻이다.

언약 백성이 되면 하나님의 소유가 되었다는 것이고 하나님의 능력, 그분의 생명과 연합된 자가 되었다는 것이다.

또한 사명과 영향력도 달라진다. 성도의 이름 속에는 "하나님의 복음의 전달자"로서의 사명이 이미 주어져 있고, 하나님의 영광을 드러낼 자로서의 능력이 주어져 있다. 인간 혼자만의 영향력과 하나님과 연합된 자로서의 영향력은 다르다.

그러므로 할례와 이름을 바꿀 주심은 하나님의 언약의 증표로서, 할례는 언약 백성으로서의 내적 신앙 고백이라면, 이름을 바꿔 주심은 하나님 백성의 외적 신분 변화와 그에 따른 삶의 영향력과 사명을 나타낸다고 볼 수 있다.

언약의 대물림

하나님의 언약은 아브라함과 그의 자손들에게 대물림이 된다.

하나님의 언약은 영원하고 사람의 육체의 생명은 유한하다. 아브라함이 죽은 후에 하나님께서 아브라함에게 하신 언약을 그대로 그의 아들 이삭에게 하신다. (창26:2~5)

2. 여호와께서 이삭에게 나타나 이르시되 애굽으로 내려가지 말고 내가 네게 지시하는 땅에 거주하라

3. 이 땅에 거류하면 내가 너와 함께 있어 네게 복을 주고 내가 이 모든 땅을 너와 네 자손에게 주리라 내가 네 아버지 아브라함에게 맹세한 것을 이루어

4. 네 자손을 하늘의 별과 같이 번성하게 하며 이 모든 땅을 네 자손에게 주리니 네 자손으로 말미암아 천하 만민이 복을 받으리라

5. 이는 아브라함이 내 말을 순종하고 내 명령과 내 계명과 내 율례와 내 법도를 지켰음이라 하시니라

하나님께서 아브라함과 이삭에게 하신 언약을 야곱에게도 같은 내용으로 언약하신다.
 성경에서 '아브라함과 이삭과 야곱의 하나님'이라는 연대 표현은 '언약의 하나님'이라는 의미다.

야곱에게 하신 언약 (창28:13-14)
 창28:13. 또 본즉 여호와께서 그 위에 서서 이르시되 나는 여호와니 너의 조부 아브라함의 하나님이요 이삭의 하나님이라 네가 누워 있는 땅을 내가 너와 네 자손에게 주리니
14. 네 자손이 땅의 티끌 같이 되어 네가 서쪽과 동쪽과 북쪽과 남쪽으로 퍼져 나갈 것이며 땅의 모든 족속이 너와 네 자손으로 말미암아 복을 받으리라

하나님은 야곱의 이름을 이스라엘로 바꿔 주신다. (창32:24~28)
27. 그 사람이 그에게 이르되 네 이름이 무엇이냐 그가 이르되 야곱이니이다

28. 그가 이르되 네 이름을 다시는 야곱이라 부를 것이 아니요 이스라엘이라 부를 것이니 이는 네가 하나님과 및 사람들과 겨루어 이겼음이니라

야곱(יעקב)의 이름의 뜻은 속이는 자, 빼앗는 자, 발뒤꿈치를 잡은 자라는 의미다.

인간적인 힘과 방법을 의지하여 살아온 이름이다.

네가 하나님과 및 사람들과 겨루어 이겼음이니라

하나님과 겨루어 이길 자는 없다. 형 에서가 군사를 이끌고 오고 있다는 소식을 듣고

야곱이 하나님께 몸부림치며 울며 매달렸다는 뜻이다. 울며 그에게 간구하였으며, 몸싸움은 물론 사력을 다해 몸부림치는 기도를 했다. 야곱은 자신을 이겼고 하나님은 울며 매달리는 야곱에게 져 주신 것이다.

"야곱이니이다" 라는 고백 때문에 용서해 주신 것이다. (호 12:3~6)

'이스라엘은 하나님과 씨름하는 자, '하나님께서 그를 위해 싸우다', '하나님이 분투 하신다', '하나님이 싸워주신다' 는 의미다. 하나님과 연합하여 싸우는 자는 이긴다.

 언약의 후손임을 공식 인정받는 이름이다. 야곱의 새 이름 이스라엘이다.
 야곱이 하나님을 이겼다는 것은, 하나님께서 야곱을 인정해 주셨다는 의미이다.
 야곱의 열두 아들이 이스라엘 공동체로 불리게 된 동기가 된다.
 야곱은 육신의 부모가 지어준 이름을 버리고, 하나님께서 지어주신 이름을 갖는다. 야곱적, 육적인 욕망을 버리고, 하나님의 도우심을 바라는 삶으로 전환된다.
이름의 부여 자는 그 사람에 대한 통치권, 소유권을 갖는다.

이름 바꿈은 그 사람의 인생 변화, 인격이나 신체의 특징, 메시지가 있다.

야곱은 이곳에서 하나님을 만났다. 하나님은 여기서 야곱의 자기중심적인 사고와 인간적 능력의 근원을 철저하게 파괴하심으로(창32:25) 더 이상 자기 생각과 능력을 의지하지 못하게 하시고, 오직 하나님만 의뢰케 하셨다. 그러므로 새로운 인격과 성품을 상징하는 "이스라엘"로 바꿔 주심으로(28) 야곱이 하나님께 온전히 바쳐졌고, 하나님의 언약의 상속자가 되었음을 "인"치신 것이다.

따라서 야곱은 이제 자기중심적이 아니라, 하나님 중심적인 삶을 살도록 매인 바 된 하나님의 소유가 된 것이다. 그럴 때 "하나님이 싸워주신다"

환도뼈를 치심은 자기 몸을 지탱하는 뼈를 파괴하심, 부러뜨리심을 말한다.

자기 혼자만의 독립적인 삶에서 하나님을 의존하는 삶으로 변화됨이 하나님의 언약의 성격이다.

야곱이 허벅다리, 환도뼈로 인해 절었다는 것은 실제 사건이다. (창32:31-32)

옛 사람 야곱을 깨뜨리신 하나님의 은혜의 흔적, 사랑의 가시다.

히브리인들은 지금도 짐승을 잡을 때 엉덩이에서 다리로 연결되는 큰 힘줄 부분은 먹지 않고 끊어 버린다. 12지파의 아버지인 야곱의 씨름을 상징하는 환도뼈의 큰 힘줄 부분은 하나님께서 취하신 거룩한 부분으로 간주한다.

'하나님은 벧엘에서 그를 만나셨고 거기에서 '우리'에게 말씀하셨나니' (호12:4)

언약은 그때, 족장들에게만 하신 언약이 아니라 오늘 여기서, 살아있는 우리에게 하신 영원한 언약이다.

하나님은 아브라함의 자손에 대한 언약을 신실하게 이루시기 위해 섭리하신다.(창15:13~14)

하나님은 요셉을 먼저 애굽으로 보내시고(창45:7-8) 요셉과 함께 하시므로(창39:2) 요셉이 애굽에서 총리가 되어 이스라엘 열두 아들들이 애굽에 내려가도록 섭리하신다.

가나안 땅에 기근으로 고통할 때 죽은 줄로만 알았던 요셉이 애굽에서 총리가 되었다는 소식을 듣고 야곱 가족이 애굽으로 내려간다.

하나님은 야곱에게 애굽으로 내려가라고 명하신다. 내가 거기서 너로 큰 민족을 이루게 하리라. 내가 너와 함께 애굽으로 내려가겠고 반드시 너를 인도하여 다시 올라올 것이라고 약속하신다.(창46:24) 이것은 아브라함에게 하셨던 자손에 대한 언약을 확인하시는 것이다. (창15:1316)

야곱의 열두 아들과 그의 가족 칠십 명이 애굽에 이르러 고센 땅에 거주한다. (창47:6)

야곱과 그의 아들 요셉은 이스라엘이 사대 만에 가나안 땅으로 돌아가게 될 것이라는 하나님의 아브라함에게(창15:16) 하셨던 언약을 굳게 붙들고 있다.(창48:21, 50:24)

이같이 하나님께서 아브라함에게 하신 언약이 그의 아들 이삭에게로 전수되고 이삭의 아들 야곱에게로 대물림되고 야곱의 열두 아들들 이스라엘 공동체로 이어진다.

고센 땅에서 번성하는 이스라엘 (부족에서 국가로 번성)

고센 땅은 애굽의 하류에 위치하고 있다. 북쪽이 하류 지역이다.

애굽의 나일강은 남에서 북으로 흐른다.

홍수로 나일강이 범람하면 하류 지역으로 흘러 내려온 흙탕물의 고운 가루들이 하류에 와서 쌓인다. 고센 지역이 바로 그런 지역이다. 고센 땅은 삼각주를 이루고 있는데, 이 지역에서 이스라엘은 430년을 살면서 생육하고 번성하여 야곱의 12아들, 70명이(창46:27, 출1:7) 애굽에 내려가서 마침내 큰 민족을 이룬다.

하나님은 아브라함과의 언약을 이루셔서 이스라엘이 크게 생육하고 번성하여 한 민족이 되게 하신다.

고센 땅은 마치 어린아이를 보호하는 인큐베이터처럼 그곳에서 이스라엘은 애굽이라는 강대국을 통해 외부의 침입에서 보호되고, 애굽 사람들이 목축을 가증히 여김으로 애굽 안에서도 그들의 간섭 없이 성장할 수 있었다.

요셉을 관대히 대한 애굽의 힉소스 왕조, 150년 동안은 이스라엘이 평안히 살 수 있었다.

그러나 요셉을 알지 못하는 새 왕이 세워지자(애굽의 18대 왕조) 강성해 가는 이스라엘을 두려워하여 압제하기 시작한다. 학대와 고역으로 이스라엘은 고통을 당한다. 바로는 이스라엘을 노예로 삼아 흙을 이겨 벽돌을 굽게 하여 국고 성들을 건축하게 하고 농사일의 심한 노동과 고역으로 괴롭게 한다. 그러나 학대를 받을수록 이스라엘은 생육하고 번성하여 강성해진다. 바로는 이스라엘 백성을 말살시키기 위해서 남아를 죽이는 정책을 여러 번 바꿔가며 실행한다.

이스라엘은 고통스러워 부르짖게 되고, 이때 하나님은 그들의 부르짖는 소리를 들으시고 아브라함과 맺은 언약을 기억하시고, 그들을 돌아보신다(출2:23~25)

출애굽은 아브라함의 언약에 근거한다.(창15:12~14)

하나님은 아브라함과 이삭과 야곱에게 세운 언약을 기억하시고 이스라엘을 애굽으로부터 이끌어 내기 위하여 사람을 준비하신다.

하나님은 이스라엘을 위해 애굽을 사용하셨고, 애굽의 왕조들을 사용하셨다. 바로의 공주(하셉수트)를 통해 나일강에 띄워진 아기 모세를 건져 공주의 아들로 왕궁에서 자라게 하신다.

세상 역사가 하나님의 언약 속에서 이루어져 간다.

준비된 모세

모세는 애굽의 궁중에서 40년 왕자 교육을 받았다. 당시 궁중 왕자 교육의 커리큘럼은 군대를 지휘할 수 있도록 군사학을 가르치고 애굽의 역사와 인문학, 백성들을 설득할 수 있도록 수사학을 가르쳤다. 역사가 요세푸스에 의하면 모세는 인격과 성품이 출중하고 군대 지휘관으로서도 전술에 뛰어나고 용맹했다. 당시 애굽을 침략하여 괴롭히던 에디오피아를 모세가 군대 장관으로 군대를 이끌고 나가 에디오피아를 점령하고 나라를 구한 큰 공을 세우고 개선 장군으로 돌아왔다.

그 후 히브리인 모세가 동족들의 노역 현장에서 애굽인을 쳐 죽인 것이 발각되어 그 길로 모세는 도망자가 되어 미디안 광야에서 40년을 양을 치며 훈련받았다.

인간의 혈기와 능력을 포기하고 하나님의 힘을 의지하도록 모세 나이 80세에 자기 힘으로 할 수 없을 때에 하나님은 그를 부르셨다. 하나님은 모세를 애굽으로 보내시고 이스라엘 백성들을 이끌어 내라고 명하셨다.

아이가 나오려면 고통이 심하다. 산모는 출생 직전에 가장 고통스럽다. 하나님은 이스라엘이라는 아이를 애굽으로부터 출생시키기 위해서 '모세'라고 하는 산파를 준비시키셨다.

모세는 10가지의 재앙을 통해 이스라엘을 애굽으로부터 이끌어 낸다.

하나님은 430년간 종살이한 이스라엘을 10가지 재앙을 통해 애굽으로부터 해방시키셨다. 10가지 재앙은 마지막 장자의 죽음까지 모두 애굽의 우상과 관련된 것이다.

하나님께서 아브라함에게 하신 언약대로 이스라엘 백성들은 430년 만에 많은 재물을 이끌고 애굽에서 나온다.

이스라엘의 출애굽은 애굽 같은 세상에서 성도를 구원하는 예수님의 구원의 모형이다. 마지막 10번째 재앙에서 애굽의 모든 장자가 죽었다. 그러나 양의 피를 바른 이스라엘의 집은 죽음이 넘어갔다. 이것은 예수님의 그림자로서 그가 우리 죄를 위해 피 흘려 죽을 것을 예표하고, 그 피가 발라진 대문에는 죽음이 접근하지 못했듯이, 예수의 피를 의지하는 사람은, 죽음에서 구원받는다는 사실을 보여준다.

문인방과 양쪽 설주에 양의 피를 바른 집은 죽음이 넘어가고, 그들은 그 안에서 그 밤에 양고기를 불에 구워서 먹었다.

양고기는 예수 그리스도의 몸, 곧 말씀을 의미한다. 불에 구워 먹는다는 것은 성령의 조명아래서 먹는 것을 뜻한다. 양의 피와 살은 성 만찬으로 성취되고 십자가에서 완성된다. 이렇듯 하나님의 언약은 현실의 필요와 영적인 교훈을 동시에 담고 있다.

모세를 통해 출애굽 한 이스라엘은 기적적으로 홍해를 건너 시내산 아래 까지 왔다.

5장
모세의 율법 언약

하나님과 이스라엘공동체와 언약

이스라엘백성이 애굽 땅을 떠난 지 석 달 만에 시내광야에 이르러 시내 산 앞에 장막을 쳤다.

여호와께서 시내 산에서 모세를 불러 말씀하신다.

'너는 이같이 야곱의 집에 말하고 이스라엘 자손들에게 말하라'

하나님은 이제 모세를 중보자로 세워 이스라엘과 언약을 맺고자 하신다.

출19:4. 내가 애굽 사람에게 어떻게 행하였음과 내가 어떻게 독수리 날개로 너희를 업어 내게로 인도하였음을 너희가 보았느니라

5. 세계가 다 내게 속하였나니 너희가 내 말을 잘 듣고 내 언약을 지키면 너희는 모든 민족 중에서 내 소유가 되겠고
6. 너희가 내게 대하여 제사장 나라가 되며 거룩한 백성이 되리라 너는 이 말을 이스라엘 자손에게 전할지니라

모세가 내려와서 백성의 장로들을 불러 하나님께서 명령하신 모든 말씀을 그들에게 진술하니 백성이 일제히 대답하기를 "여호와께서 명령하신 대로 우리가 다 행하리이다" 라고 한다. 모세가 백성의 대답을 여호와께 전한다.(출19:7~8)

하나님은 이스라엘을 자기 백성으로 선택하셨고 그 조건은 "너희가 내 말을 잘 듣고 내 언약을 지키면"이라 하신다.

이스라엘은 여호와를 그들의 하나님으로 받아들였다. "여호와께서 명령하신 대로 우리가 다 행하리이다"라고 대답했다.

하나님은 말씀을 행할 것을 요구하시고 이스라엘은 다 행하겠다고 응답한다.

이것이 하나님과 이스라엘 공동체 사이에 맺은 율법언약의 조건이다.
이것은 영적으로 신랑 되신 하나님과 그의 신부된 이스라엘 백성 간의 결혼식과도 같다.

한 가지 염두에 둘 것은 율법언약이 행위를 요구하고 있으나 죄짓기 전에 아담에게 하셨던 행위언약과는 다른 차원이다. 인간의 범죄 후 행위로는 구원받을 수 없다.
오직 은혜로만 될 뿐이다. 율법언약에서 요구하는 행위는 구원받기 위한 행위가 아니고 하나님 백성으로서의 삶을 요구하는 행위를 말한다.

하나님께서 친히 빽빽한 구름 가운데 모세에게 임하셔서 모세와 대화하는 것을 백성이 듣게 하겠다고 하신다. 그러므로 지도자 모세를 영영히 믿게 하시겠다고 말씀하신다.(9절)
이는 모세가 전하는 율법이 모세 자신이 지어낸 것이 아닌 하나님께서 친히 하신 말씀임을 입증하여 모세의 권위를 세워주시려는 하나님의 배려이다.

모세가 백성들의 대답을 전하자 하나님께서 모세를 보내시면서 전할 말씀과 백성들이 지켜야 할 지침을 주신다. 하나님을 만날 준비를 시키신다.(10절)

✸오늘과 내일 옷을 빨고 성결하게 하라.
✸준비하여 셋째 날을 기다리라. 여호와께서 온 백성의 목전에서 시내 산에 강림하실 것이다.
✸백성을 위해 산 주위에 경계를 정하고 산에 오르지 말라. 하나님의 영역을 침범하지 말라.
✸나팔을 길게 불거든 산 앞에 모이라.

 모세가 백성에게 내려와서 하나님의 말씀을 전하고 백성들을 성결하게 하고, 옷을 빨게 한다. 여인을 가까이하지 말고, 셋째 날을 기다려 하나님을 만날 준비를 하라고 명한다. (14~15)
 하나님께서 이스라엘 백성 공동체와 언약을 맺기 위해서 시내 산에 내려오시겠다는 것이다.

드디어 셋째 날 아침에 우레 소리가 나고, 번개가 번쩍이고, 빽빽한 구름이 산 위에 덮였고, 큰 나팔소리가 들려왔다. 하나님이 시내 산에 강림하신 것이다. 한 번도 경험해보지 못한 초자연적인 하나님의 임재를 경험한 백성들이 그 광경을 보고 두려워서 떨며 초죽음이 되었다.(16~19)

 하나님의 강림을 알리는 나팔소리를 듣고 모세가 백성을 거느리고 하나님을 맞으려고 진에서 나와 모두 산기슭 경계선 앞에 모였다.

 시내 산에 연기가 자욱하고, 여호와께서 불 가운데서 그곳에 내려오셨다. 연기가 옹기 가마 연기같이 떠오르고 온 산이 크게 진동을 하면서 나팔소리가 점점 더 커졌다. 그곳에서 모세가 하나님께 말하고 하나님이 음성으로 대답하시면서 하나님과 모세가 대화하는 소리를 온 백성이 다 들었다. 하나님께서 지금 이스라엘 백성 공동체와 언약을 맺으러 오신 것이다. 백성들은 하나님의 임재하심을 눈으로, 귀로, 몸으로 다 경험하고 있는 것이다.

귀로 큰 나팔 소리가 울려서 백성들의 주의가 집중되고, 눈으로 우레와 번개와 빽빽한 구름과 연기가 자욱함과(출20:18) 시내 산 꼭대기에 불이 타고 있음을 보았고,(19:18) 흑암이 있는 것을 보았다.(신5:23)

몸으로 온 산이 크게 진동하여 산이 흔들림을 경험하고 있다. 백성들이 너무 두려워서 벌벌 떨고 있다.(출19:16, 20:18-19)

하나님의 임재 앞에서의 인간은 죽은 자같이 쏟아져 버린다.(이사야, 다니엘, 사도요한, 바울 등) 예수님 재림하실 때도 이와 같을 것이다.

기독교는 먼저 하나님이 인간을 찾아 낮고 천한 곳까지 오신 것이다. 세상의 모든 종교는 인간이 신을 찾아간다. 그러나 세상의 어떤 사람도 사람의 노력으로 하나님을 만날 수 없다. 그러기에 하나님께서 먼저 우리를 찾아오시는 것이다.

또한 모세가 하나님과 대화하는 것을 백성이 친히 보게 하셨다. 그것은 하나님의 사명을 받은 모세에게 권위를 주어 백성들로 하여금 모세를 인정하게 하고, 그를 순종하게 하여 대업을 이루게 하시려는 것이다. 즉, 모세가 수여받은 율법은 어느 날 모세가 산에 가서 자기 지식으로 적어 온 것이 아닌 하나님이 친히 주신 것임을 믿게 하려는 것이다.(출19:9, 20:19)

여호와께서 시내 산 꼭대기에서 모세를 부르신다.(19:20절) 모세가 올라가니 하나님께서 다시 한 번 백성에게 경고하여 산에 오르지 못하게 하라고 하신다. 호기심 많은 백성들이 보려고 오다가 많이 죽을 것을 경고하신 것이다. 또 제사장들에게는 그 몸을 성결케 하라고 하신다. 그렇지 않으면 죽는다는 것이다.

 모세가 주의 명령대로 경계를 세웠으니 백성이 올라오지 못할 것입니다.(23절) 하자
하나님은 "너는 내려가서 아론과 함께 오라"고 하신다.(24절) 아론과 모세가 함께 산에 올라가고 백성들과 제사장들은 세워 놓은 경계선을 넘지 못하게 했다.(24절)
이때 아론만 데리고 가고, 백성과 제사장들은 올라가지 못한다.

언약내용 십계명과 율법 (출20-23장)

20장은 십계명 내용이다. 하나님께서 친히 백성들이 듣도록 하늘로부터 말씀하셨다.

하나님은 십계명을 말씀하시기 전에 먼저 하나님과 이스라엘 백성과의 관계를 말씀하신다.

"나는 너를 애굽 땅 종 되었던 집에서 인도하여 낸 네 하나님 여호와니라"

하나님과 이스라엘 백성 사이에는 법보다는 관계가 앞선다. 나는 너를 애굽의 종살이에서 건져낸 네 하나님이다. 그러니까 너는 내 앞에 우상을 두지 말라로 시작된다.

백성들이 지금 눈으로 하나님의 임재하심의 장엄한 광경을 보고 있고,

하나님의 음성을 친히 듣고 있는 것이다. 산에 불이 타고, 구름 가운데서, 흑암 가운데서 큰 음성으로 하나님이 말씀하셨다. 불타고 있는 시내 산 불 가운데서 하나님이 말씀하셨고, 모세와 말씀하신 것도 들었고, 그들에게 친히 하신 십계명의 내용을 다 들었다.(신5:2-5, 22-25)

하나님께서 십계명을 백성의 귀에 듣게 말씀하셨다. 백성들이 하나님의 음성 듣기를 두려워하여 죽을 것 같아 모세에게 청한다. 지파의 수령과 장로들이 와서 모세에게 이르기를 당신이 여호와의 말씀을 다 듣고 우리에게 전해주면 우리가 듣고 행하겠다고 말한다. 하나님의 음성을 들으면 죽을 것 같다는 것이다 (신5:23~27)

여호와께서 백성의 소리를 들으시고 이 백성의 말이 옳다, 다만 그들이 지금처럼 항상 하나님을 경외하는 마음을 품고 모든 명령을 지키면 복을 주시겠다고 하신다.(신5:28~29)

그리고 나서 하나님께서 모세를 보내 백성들을 각각 장막으로 돌아가도록 하신다. "가서 그들에게 각기 장막으로 돌아가라 이르고"(신5:30)

"너는 여기 내 곁에 서 있으라", 그리고 모세에게 모든 명령과 규례와 법도를 말씀하시고 그들에게 가르칠 율법의 내용을 주셨다. (신5:31)

그렇게 해서 주신 내용이 출20-23장까지의 내용이다. 십계명과 율법이다. 십계명의 내용은 그들이 친히 들었고, 나머지 율법의 내용은 모세가 듣고 전해 준 것이다. 모세가 이것을 기록하였는데, 이것이 "언약서"이다(출24;4, 24:7).

십계명의 두 돌판이 있기 전에 언약서가 먼저 있었다. 이때는 시내산 아래 기슭에는 백성들이 있었고, 중간에는 아론과 나답과 아비후와 70인 장로들이 있었다(출24:1).

그리고 모세만 하나님께 가까이 나아가 계명을 받은 것이다. (출24;2)

모세가 와서 그 모든 율법의 내용을 백성에게 전하자 백성들이 한 목소리로 "우리가 다 준행 하겠다"고 응답한다. (출24:3)

하나님과 이스라엘 공동체 간의 언약 체결식

이제 하나님과 이스라엘 공동체 간의 언약 체결식이 거행된다. (출24:4)

출24:4 모세가 여호와의 모든 말씀을 기록하고 이른 아침에 일어나 산 아래에 제단을 쌓고 이스라엘 열두 지파대로 열두 기둥을 세우고 5. 이스라엘 자손의 청년들을 보내어 여호와께 소로 번제와 화목제를 드리게 하고

6. 모세가 피를 가지고 반은 여러 양푼에 담고 반은 제단에 뿌리고 7. 언약서를 가져다가 백성에게 낭독하여 듣게 하니 그들이 이르되 여호와의 모든 말씀을 우리가 준행하리이다 8. 모세가 그 피를 가지고 백성에게 뿌리며 이르되 이는 여호와께서 이 모든 말씀에 대하여 너희와 세우신 언약의 피니라

✸산 아래에 제단을 쌓는다. 이스라엘이 12지파대로 12기둥을 세우고, 소를 잡아 번제와 화목제를 드린다.
✸피는 가져다가 절반은 여러 양푼에 담고, 절반은 하나님의 제단에 뿌렸다. 피를 하나님의 제단에 먼저 뿌렸다.
✸언약서를 가져다가 언약의 당사자인 백성에게 낭독하여 다 듣게 한다. 그들이 듣고 "여호와의 모든 말씀을 우리가 준행하리이다"라는 대답을 확인한 후,
✸모세가 양푼에 담긴 피를 가져다가 백성에게 뿌리며 말하기를 "이는 여호와께서 이 모든 말씀에 대하여 너희와 세우신 언약의 피니라"라고 한다.

하나님과 이스라엘 공동체가 쌍방 간에 피로 언약을 맺고 있는 것이다. 하나님과 이스라엘이 결혼언약을 하고 있다.

 조건은 출20-23장까지의 율법 내용이다. 지키면 복을 주고, 안 지키면 죽는다.

 비록 백성들이 쪼개놓은 짐승의 조각 사이로 지나가지 않고 피만 뿌렸지만, 이것은 엄연히 짐승을 잡아놓고 그 조각 사이를 쌍방이 지나간 것과 같은 효력을 갖는 것이고 쌍방 간에 피로 맺은 언약인 것이다.

 언약의 관습으로 쌍방이 함께 먹고 마시는 언약 식사를 한다. 언약 안에서 둘이 하나가 되었다는 하나 됨의 의식이다. 마치 결혼식 후에 피로연과도 같다. 양가가 자식을 나눠받음으로 하나 된 것을 기념하는 잔치다. 결혼도 언약이다.

 하나님과 언약을 맺고 모세와 아론, 나답, 아비후와 70인 장로들이 하나님을 뵙고 하나님 앞에서 먹고 마셨다. 하나님의 임재의 상징인 그의 발아래 청옥을 편 듯 청명했다고 한다. 하나님 앞에서 공동체를 대표한 그들이 언약 식사를 하고 있다. (출24:9~11)

이 언약식사는 새 언약에서 예수 그리스도와 제자들이 함께 하는 성만찬으로 이어진다. (마26:26-29, 눅22:17-20)

출애굽기 24장 8절의 "언약의 피"가, 마태복음 26장 28절의 "언약의 피로 완성"된다.

이스라엘 공동체와 맺은 언약의 피는 송아지의 피요, 새 언약의 성만찬에서 제자들과 맺은 피는 예수님의 피다. 구약의 그림자가 신약에서 주님으로 성취되고 있는 것이다.

주의 피는 또한 유월절에 양이 흘린 피의 성취이다. 자신의 살과 피로 세우신 언약이다. 유월절에 양을 잡아 문설주와 인방에 바르고, 양고기를 불에 구워 먹은 것에 대한 성취이다. 주님은 어느 날 갑자기 오신 분이 아니라, 창세전부터 하나님의 계획 가운데서 오신 것이다. 구약은 주님이 구원자로 오실 것이라는 예고인 것이다.

창3:15에서 '여자의 후손'으로 오실 구원자 메시야의 언약이 '아브라함의 씨'를 통해 구약에서 계속 흘러가고 있다.

백성의 언약이신 예수 그리스도(사42:6) 언약의 사자가 임할 것이다 (말3:1)

아브라함의 언약과 이스라엘 공동체 언약과의 관계

첫 언약인 하나님과 아브라함 사이에 맺은 언약과 모세를 통해 시내 산에서 이스라엘 공동체와 맺은 언약과의 관계는 큰 틀 안에서 연속성이 있고 둘 다 생명을 걸고 피로 맺었다.

그러나 하나님께서 아브라함에게 하신 언약과 이스라엘 공동체에게 하신 언약은 성격이 다르다. 아브라함의 언약을 이루기 위한 연장선상에서 사람의 동의를 요구하는 모세의 언약이 주어진다.

하나님께서 아브라함에게 하신 언약은 하나님이 일방적으로 하신 구원의 언약이다. 아브라함의 씨를 통해 천하 만민을 구원하시겠다는 약속이고 인간인 아브라함이 개입할 수 없는 언약이다. 그러므로 쪼개진 고기 사이로 하나님이 홀로 지나가셨다.(창15:17) 이 언약은 창3:15의 '여자의 후손'에 대한 언약을 이루기 위한 것이고 그 '씨'를 아브라함의 후손을 통해 보내시겠다는 언약이다 그러나 하나님께서 이스라엘 공동체와 맺은 언약은 언약백성의 삶에 대한 약속이다. 이 언약은 이스라엘 공동체가 동의해야 하는 쌍방계약이다. 그러므로 하나님과 이스라엘 공동체가 쌍방에 피를 뿌려 언약을 체결했다.

이스라엘 백성은 아브라함의 후손으로서 하나님의 언약을 계승한 백성이다.

그들은 언약백성으로 살아야할 선택받은 민족이다. 하나님은 그의 백성들에게 하나님의 백성으로서의 삶의 규범을 정하시고 지키도록 하셨다. 그것은 하나님이 일방적으로 하실 수 없고 당사자들이 동의해야만 한다.

애굽에서 430년을 살면서 지녔던 우상 숭배의 관습을 버리고 하나님을 사랑하고 섬기는 법과 자신들 사이에 공동체의 질서와 도덕을 위해서는 자발적인 동의가 필요한 것이다. 그러므로 쌍방 간의 언약을 맺었다. 하나님은 그들의 의식과 행위를 체질개선하여 이방나라들과 구별된 하나님의 통치를 받는 하나님의 나라로 세우시기 원하셨다.

비유컨대 아브라함의 언약과 이스라엘 공동체 사이의 언약관계는 낳는 것과 키우는 것의 관계라 할 수 있다.

낳는 것은 키우는 것을 전제로 한다. 이 둘이 절대로 따로 일할 수가 없다.

부모가 자식을 낳을 때는 자식의 동의 없이 일방적으로 낳는다. 그러나 그 자식을 키울 때는 자식이 말을 들어야 한다. 부모는 자식을 훌륭한 인격자로 키우기 위해 당근과 채찍을 사용한다.

이처럼 아브라함의 언약은 '네 후손을 통해 천하 만민이 복을 받으리라'는 구원의 언약이다. 이것은 복음이고 생명을 낳는 것이다. 무조건적이다.

그러나 모세를 통해 이스라엘 공동체와 맺은 율법언약은 하나님의 백성이 지켜야 하는 삶의 법이다. 이것은 윤리이고 상과 벌이 있는 삶의 과정이다. 조건적이다.

아브라함은 하나님의 언약을 믿었고(창 15:6) 하나님은 그를 의롭다고 인정하셨다.

하나님께서 아브라함과 맺은 언약은 지금까지도 그 효력을 지니고 있는 영원한 언약이다. 모세의 율법시대에도 하나님의 언약을 믿음으로 구원받았다.

모세의 율법언약의 두 축

모세가 시내 산에서 하나님으로부터 받은 것은 율법만이 아니다. 성막 설계도를 함께 받았다. 오히려 율법의 내용보다 성막의 내용이 훨씬 더 많다. 율법 내용은 출애굽기 20장~23장까지이고, 25장부터 31장, 35장부터 40장까지가 성막에 관한 내용이다.

성막은 곧 예수 그리스도의 모형이다. 거룩하신 하나님이 죄인 된 인간과 만나시고 그들 중에 거하시기 위한 성막을 지으라고 명하셨다. 죄인은 하나님을 직접 대면할 수 없다. 짐승이 대신 피 흘리는 제사를 통하여 죄를 씻고 하나님께 나아갔다.

성막은 죄인 된 인간이 죄를 씻고 하나님을 만나는 장소이다. 예수 그리스도는 성막이 되신다. 예수 안에서 우리가 죄를 씻고 하나님을 만난다.

성막의 모든 기구들은 구체적으로 예수 그리스도를 반영하고 있다.

★ 동문은 구원의 문이신 예수 그리스도를 나타내고 있고 (요 10:9)
★ 번제단은 우리를 위해 제물 되신 예수 그리스도를, (요 1:29)
★ 물두멍은 우리를 성결케 하신 예수 그리스도를 보여준다. (엡 5:26)
★ 떡상은 생명의 떡이신 예수 그리스도를 나타내고 (요 6:48)
★ 금촛대는 참 빛 되신 예수 그리스도를, (요 1:9)
★ 분향단은 우리의 중보자 되신 예수 그리스도를 보여주고 (히 8:6)
★ 휘장은 몸을 찢어 길을 내신 예수 그리스도의 육체를, (히 10:20)
★ 법궤 위 속죄소는 자기 피로 덮어 영원한 속죄를 이루신 예수 그리스도의 모형을 보여준다. (히 9:12)

하나님이 시내 산에서 모세에게 율법만 주셨다면 인간은 절망일 것이다.

왜냐하면 율법은 인간의 죄를 찾아내어 정죄하는 엑스레이 같기 때문이다. 엑스레이는 병만 찾아낼 뿐이고 고치지는 못한다.

그러나 하나님은 모세에게 성막을 보여주심으로 죄에서 해방되어 살 길을 알려주셨다. 인간의 죄는 피 뿌림으로만 의로워질 수 있고 오직 예수 그리스도의 속죄의 피로만 의로워질 수 있음을 보여주신 것이다.

하나님께서는 결국 모세에게 복음을 알려주신 것이다. 모세는 시내 산에서 율법뿐 아니라 복음을 들고 내려왔다.

요 5:46 모세를 믿었더라면 또 나를 믿었으리니 이는 그가 내게 대하여 기록하였음이라
요 5:39 너희가 성경에서 영생을 얻는 줄 생각하고 성경을 연구하거니와 이 성경이 곧 내게 대하여 증언하는 것이니라

우리는 모세를 말할 때 율법을 대표하는 사람으로만 알기 쉽지만 모세는 복음을 알았고 자신이 또한 예수 그리스도의 예표이다. 하나님은 처음 에덴동산에서부터 구원자 예수 그리스도의 예표를 끊임없이 보여주셨다.

신명기 언약(모압 언약)
신명기법이다. 이것은 모세가 죽기 전 모압 땅에서 광야에서 태어난 출애굽 2세대들에게 십계명과 율법의 내용을 재해석하여 설명한 세 편의 설교로 된 내용이다.

신명기 율법은 언약백성이 지켜야 할 하나님나라의 통치원리다. 죽음을 앞둔 모세가 사십 년 전에 하나님으로부터 받았던 십계명과 율법들을 깊이 숙고하고 재정립하여 가나안 땅에 들어가는 세대들에게 그들이 맞게 될 상황에 적용하여 가르치고 있다.

 신 1:5 모세가 요단 저쪽 모압 땅에서 이 율법을 설명하기 시작하였더라
 율법을 설명한 후 하나님께서 모세에게 명령하여 모압 땅에서 그들과 세우신 언약이다. (신 29:1)
 이때는 이미 출애굽을 경험한 백성들은 광야에서 다 죽고 요단 동쪽에 두 왕을 죽이고 그 땅을 점령한 후다.
 출애굽 40년째 되는 해 11월 1일에 이스라엘 백성들은 가나안 땅 정복을 앞두고 그 땅이 바라다 보이는 모압 평지에 모였다.
 출애굽의 경험도 없고 왜 광야생활을 해야 하는지도, 가나안 땅에 들어가서 뭘 해야 하는지도 제대로 모르는 광야 세대들에게 모세가 설교를 통해 이 모든 일의 자초지종을 설명하고 율법의 내용을 그들의 상황에서 가르치고 순종할 것을 촉구한다.

모세는 그들이 왜 가나안 땅에 들어가야 하는지부터 설명하고 있다.

그것은 600~700년 전에 하나님께서 아브라함, 이삭, 야곱 그들의 조상들에게 가나안 땅을 주시겠다고 언약하셨기 때문이다. 출애굽도 아브라함에게 하신 언약을 기억하시고 그들을 이끌어 내신 것이다. (출 2:24)

과거에 애굽의 종 되었던 곳으로부터 하나님께서 어떻게 인도해 오셨으며, 그들이 처해 있는 현재 상황과 하나님과 언약 맺은 백성으로서 앞으로 가나안 땅에 들어가서 어떻게 행해야 할지를 모세가 죽음을 앞두고 절박한 심령으로 가르치고 있다.

신 1:8 내가 너희의 조상 아브라함과 이삭과 야곱에게 맹세하여 그들과 그들의 후손에게 주리라 한 땅이 너희 앞에 있으니 들어가서 그 땅을 차지할지니라

호렙 산을 떠나 가데스바네아에서 '하나님께서 너희 조상들에게 맹세하신 땅이 너희 눈앞에 있으니 두려워 말고 올라가서 차지하라' 했으나 그들은 정탐꾼들의 말을 듣고 올라가기를 거부하고 가나안 땅의 막강한 군대와 그들의 신장을 보고 두려워서 하나님의 명령을 거역하고 원망하며 조상들에게 맹세한 하나님의 언약을 불신했다.

그 결과 이스라엘은 불신앙의 세대들이 다 죽기까지 광야에서 40년 동안을 방황하게 되었다. 출애굽 1세대가 다 몰살된 것은 하나님의 언약을 부정한 것 때문이다.

하나님께서 아브라함과 조상들에게 맹세하신 언약을 거부하는 것은 곧 하나님 자신을 부정하는 것이다.

'이스라엘아 그러니 내가 너희에게 가르치는 규례와 법도를 듣고 준행하라 그러면 너희가 살 것이고 너희 조상에게 맹세하신 언약대로 너희가 그 땅에 들어가서 얻게 될 것이다.' (신 4:1)고 하신다.

모세가 이스라엘 출애굽 2세대들에게 모압 땅에서 언약한 내용을 보면

✱ 하나님께서 너희 조상들에게 하셨던 언약대로 너희가 그 땅에 들어가 얻게 될 것이다. 하나님은 언약대로 그 땅을 줄 것이다.

✱ 호렙 산에서 모세를 통해 세웠던 언약을 잘 지키라. 거룩한 백성의 규범인 율법을 준수하라.

✸ 그 땅에 들어가면 하나님만 섬기라. 우상을 섬기지 말라. 하나님은 언약을 반드시 이루시는 절대 주권자시요 유일하신 분이다. 다른 신은 없다는 것을 명심하라.

✸ 언약 준수 여부에 따라 복과 저주가 주어질 것이다. 지켜 행하면 복을, 순종하지 않을 때는 저주가 임한다. 그리심 산과 에발 산에서 축복과 저주를 선포하라. 거룩한 백성은 하나님만 섬기고 그의 율법을 지키는 것이다.

✸ 가나안 땅에 들어가면 그들과 혼인도 하지 말고 어떤 언약도 맺지 말고 그들의 주상과 목상을 찍고 우상을 불사르라.

✸ 가나안 땅은 율법을 지키는 자들이 사는 땅이다. 불순종하면 토해낼 것이다.

모세의 율법을 갱신한 신명기법은 이후에 이스라엘 역사의 중심 기준이 된다. 이스라엘은 이 법에 의하여 말씀대로 축복을 받고 징계를 받는다.

신명기법은 이스라엘 모든 왕들과 백성들의 선과 악에 대한 평가 기준이 된다.

모든 선지자들의 메시지도 신명기법에 근거하여 백성들을 깨우쳤고 선지자들의 메시지의 중심인 '이스라엘아! 돌아오라!'는 말씀도 너희와 언약하신 하나님께 돌아와 언약한 신명기의 율법을 지키라는 것이다.

하나님과 이스라엘은 언약을 맺었다. 이후 이스라엘 역사 속에서 그 언약이 깨어질 위기가 닥칠 때면 하나님은 반드시 선지자를 보내셔서 하나님과 맺은 언약을 상기시키고 언약을 지키도록 권면했다.

왕권이 강화되어 왕과 백성들이 세상나라를 추구할수록 더욱 강력한 선지자들을 보내셔서 하나님의 언약으로 돌아오라고 깨우쳤다.

사 55:7 악인은 그의 길을, 불의한 자는 그의 생각을 버리고 여호와께로 돌아오라 그리하면 그가 긍휼히 여기시리라 우리 하나님께로 돌아오라 그가 너그럽게 용서하시리라 말 3:7 만군의 여호와가 이르노라 너희 조상들의 날로부터 너희가 나의 규례를 떠나 지키지 아니하였도다 그런즉 내게로 돌아오라 그리하면 나도 너희에게로 돌아가리라 하였더니 너희가 이르기를 우리가 어떻게 하여야 돌아가리이까 하는도다

신명기의 율법은 사무엘 선지자의 선지학교에서도 (삼상 19:18~20) 엘리야 엘리사의 선지학교에서도 (왕하 2) 선지생들에게 중심내용으로 가르쳐졌다고 본다.

예수님도 신명기의 말씀을 가장 많이 인용하셨다. (신 8:3, 마 4:4)

모세 율법의 적용

모세가 시내 산에서 하나님께로부터 받은 율법의 내용은 십계명과 백성들 간의 삶의 질서를 위한 민법과 절기 등의 의식법이다.

하나님의 언약의 특징인 영원성과 현재성과 복수성의 원칙에서 볼 때 모세의 율법은 과연 오늘날에는 어떻게 적용되는가? (신 5:2~3)

★ 십계명은 모든 법의 근원이 되는 어미 법이다. 십계명의 핵심인 하나님을 사랑하는 것과 사람을 사랑하는 것은 시대와 인종을 초월하여 인간이 지켜야 하는 보편적인 법이다.

사람이 하나님만 섬기고 부모를 공경하고 살인하지 말아야 하고 도둑질하지 말아야 하는 것은 지금도 우리가 지켜야 하는 법이다.

★ 시민법은 십계명을 풀어서 구체적으로 적용하는 민법으로 그 시대에 따라 법 적용이 달라진다. '도둑질하지 말라'고 했을 때 당시는 남의 물건을 훔쳐오지 않으면 도둑질이 아니다. 그러나 지금은 눈에 보이는 대로 다른 사람의 물건을 훔쳐 오지 않고도 책상에 앉아 얼마든지 도둑질을 할 수 있다. 도둑질 수단이 달라졌다.

또 가난한 자를 위해 '곡식을 거둘 때에 밭모퉁이까지 다 거두지 말고 남겨두라'고 한 말씀은 오늘날 국가나 기관에서 극빈자를 위한 구제로, 생활수급자로 돌볼 수 있게 적용된다. (레 19:9~10)

★ 의식법인 절기법이나 제사법은 예수 그리스도로 완성이 되었다. 더 이상 지키지 않는다. (골 2:16~17)

이스라엘의 절기는 예수 그리스도를 예표하고 있다. 제사법도 예수께서 우리의 제물 되어 죽으심으로 성취하셨다. 성전에 대한 법도 예수께서 죽고 부활하셔서 우리의 성전이 되심으로 성취하셨다.

먹을 것과 먹지 못할 것, 정한 것과 부정한 것, 음식법을 통하여 현실적인 위생법과 거룩하신 하나님의 성품을 가르치고자 하셨던 것도 예수께서 오셔서 말씀으로 친히 가르치셨다.

마 15:11 입으로 들어가는 것이 사람을 더럽게 하는 것이 아니라 입에서 나오는 그것이 사람을 더럽게 하는 것이니라

그러므로 십계명은 근본적인 법으로서 율법으로 성문화되기 전부터 우리 양심에 새겨져 있던 법이다. 이 법이 모세를 통해 언약백성이 지켜야 할 법으로 구체화된 것이다.

이스라엘 백성들이 생활 가운데서 지켜야 했던 시민법은 시대에 따라 법 적용이 달라졌다. 또한 의식법은 예수 그리스도로 말미암아 성취되었다.

그러나 모세의 율법은 그 근본적인 법정신은 지금도 살아있는 것이다.

6장
다윗의 왕국 언약

나단의 신탁 삼하 7:12-17

하나님께서 나단을 통하여 하신 다윗의 언약은 이스라엘의 메시아사상의 뿌리다.

다윗의 언약은 아브라함의 언약과 새 언약을 연결하는 중요한 교량 역할을 한다. 아브라함에게 주신 약속을 거의 천 년 후에 문자적으로 다윗이 성취한다.

아브라함에게 하신 자손에 대한 언약은 이스라엘 국가로 실제화되었고 땅에 대한 언약도 다윗이 성취하여 국경을 완전히 회복했다. (창 15:18-21 ⇒ 삼하 8장) 아브라함은 약속은 받았으나 왕국이 없었다. 다윗은 아브라함의 언약을 성취하여 하나님의 신정통치를 대리하는 왕국을 통치한 사람이다. 하나님은 예루살렘을 택하시고 다윗의 왕권을 통해 이스라엘을 통치하실 것이다. 하나님이 임재하신 예루살렘 성전은 이스라엘 모든 백성들의 삶의 중심이다. 다윗 왕조와 성전은 영원히 함께 가는 개념이다.

다윗은 아브라함에게 하신 약속의 땅에 하나님의 왕권을 수립한다. 하나님이 왕으로 통치하시는 하나님 나라의 모형이기도 하다. 다윗은 지상에서 하나님의 통치를 대리하는 왕으로서, 언약 백성을 인도하여 하나님 나라를 세워가는 사람으로 보여주고 있다. 이스라엘의 왕권은 곧 하나님의 왕권이다. 이스라엘 왕은 하나님의 대리자이고 백성들의 대표자이다. 다윗은 하나님을 대신하여 하나님의 언약을 백성에게 중보하도록 기름부음을 받았다.

삼하 5:3 이에 이스라엘 모든 장로가 헤브론에 이르러 왕에게 나아오매 다윗 왕이 헤브론에서 여호와 앞에 그들과 언약을 맺으매 그들이 다윗에게 기름을 부어 이스라엘 왕으로 삼으니라

아브라함의 언약이 출애굽과 모세 언약의 기초이고(출 2:24, 출 3:15, 출 6:4-8, 출 32:13-14), 모세의 언약은 아브라함의 언약을 근거로 한다.

또 다윗의 언약은 아브라함의 언약을 현실적으로 성취하고 장차 그 후손으로 오실 메시아 언약을 계승하고 있다. 다윗의 왕권은 메시아 왕국의 상징이다. 또 모세의 언약을 그대로 받고 있다. (대상 16:15-18, 왕상 2:3)

대상 16:14 그는 여호와 우리 하나님이시라 그의 법도가 온 땅에 있도다 15 너희는 그의 언약 곧 천 대에 명령하신 말씀을 영원히 기억할지어다 16 이것은 아브라함에게 하신 언약이며 이삭에게 하신 맹세이며 17 이는 야곱에게 세우신 율례 곧 이스라엘에게 하신 영원한 언약이라 18 이르시기를 내가 가나안 땅을 네게 주어 너희 기업의 지경이 되게 하리라 하셨도다

왕상 2:3 네 하나님 여호와의 명령을 지켜 그 길로 행하여 그 법률과 계명과 율례와 증거를 모세의 율법에 기록된 대로 지키라 그리하면 네가 무엇을 하든지 어디로 가든지 형통할지라
 다윗은 메시아 계보를 이어갈 약속을 받은 자다. 다윗의 언약은 아브라함의 언약과 같은 성격으로서 무조건성과 영원성이 강조된 언약이다.

삼하 7:12 네 수한이 차서 네 조상들과 함께 누울 때에 내가 네 몸에서 날 네 후손을 네 뒤에 세워 그의 나라를 견고하게 하리라 13 그는 내 이름을 위하여 집을 건축할 것이요 나는 그의 나라 왕위를 영원히 견고하게 하리라

이 말씀은 일차적으로 솔로몬을 통해서 이루어졌다. 솔로몬이 예루살렘에 하나님의 성전을 건축하고 그의 왕권이 견고해졌다. 솔로몬도 다윗의 언약에 근거하여 기도한다.

왕상 8:25 이스라엘의 하나님 여호와여 주께서 주의 종 내 아버지 다윗에게 말씀하시기를 네 자손이 자기 길을 삼가서 네가 내 앞에서 행한 것 같이 내 앞에서 행하기만 하면 네게서 나서 이스라엘의 왕위에 앉을 사람이 내 앞에서 끊어지지 아니하리라 하셨사오니 이제 다윗을 위하여 그 하신 말씀을 지키시옵소서

다윗의 언약이 각 왕들의 행동 여하에 의존하는 것으로 재해석되었다.

왕상 9:4 네가 만일 네 아버지 다윗이 행함 같이 마음을 온전히 하고 바르게 하여 내 앞에서 행하며 내가 네게 명령한 대로 온갖 일에 순종하여 내 법도와 율례를 지키면 5 내가 네 아버지 다윗에게 말하기를 이스라엘의 왕위에 오를 사람이 네게서 끊어지지 아니하리라 한 대로 네 이스라엘의 왕위를 영원히 견고하게 하려니와

후에 솔로몬이 범죄하고 이스라엘이 남북으로 분열되었을 때도 하나님은 다윗과의 언약을 지키셔서 솔로몬 때는 나라를 찢지 않으시고 그 아들 르호보암 때에 나누셨다. 그때도 다윗의 언약을 기억하시고 남 유다를 남겨 다윗의 혈통을 보존하셨다.

왕상 11:36 그의 아들에게는 내가 한 지파를 주어서 내가 거기에 내 이름을 두고자 하여 택한 성읍 예루살렘에서 내 종 다윗이 항상 내 앞에 등불을 가지고 있게 하리라

유다는 다윗의 언약에 근거하여 다윗의 자손에게만 기름을 부어 왕으로 세웠다. 남북이 분열된 상태에서도 선지자들은 소망을 남 유다에 두고 있다. 다윗의 후손을 통해 메시아가 올 것을 바라보고 있었기 때문이다.

호 4:15 이스라엘아 너는 음행하여도 유다는 죄를 범하지 못하게 할 것이라

성전과 하나님의 아들
삼하 7:12 내가 네 몸에서 날 네 후손을 네 뒤에 세워 그의 나라를 견고하게 하리라
삼하 7:13 그는 내 이름을 위하여 집을 건축할 것이요 나는 그의 나라 왕위를 영원히 견고하게 하리라 14 나는 그에게 아버지가 되고 그는 내게 아들이 되리니

삼하 7:16 네 집과 네 나라가 내 앞에서 영원히 보전되고 네 왕위가 영원히 견고하리라 하셨다 하라

다윗, 네 후손이 하나님의 아들이 되어 그가 하나님의 성전을 짓고 그 나라가 영원할 것이라는 내용이다. 유대인들은 이 약속에 의지하여 다윗의 후손이 아니면 왕으로 기름 붓지 않는다. 북왕국 이스라엘은 군사혁명으로 계속해서 왕권이 바뀌었으나 다윗의 언약에 근거한 남 유다는 다윗의 혈통으로만 왕권이 유지되었다.

이 언약은 다윗의 아들 솔로몬에게서 일차적으로 이루어졌고 실제로 하나님은 다윗 왕조를 400년간이나 유지시켜 오셨다. 한 왕조가 평균 100년을 유지한다고 한다. 가장 강했던 이집트의 18왕조도 250년으로 끝났다.

그러나 바벨론에 의해 남 유다도 멸망하고 성전은 불에 탔다. 영원할 것으로 믿었던 다윗의 왕권은 무너지고 혈통적 왕조는 망한 것이다.

그렇다면 다윗에게 하신 하나님의 언약도 무효가 된 것인가?

그럴 수 없다. 하나님의 언약은 영원하다. 그들이 비록 불순종으로 징계를 받았어도 하나님은 아브라함과 다윗의 언약을 이루시기 위해 남은 자를 통해 일하실 것이다.

아브라함에게 하신 '후손' 언약이 다윗에게도 계속 '네 몸에서 날 네 후손'으로 이어져 오고 있다. 하나님은 다윗의 후손이 성전을 건축할 것이고 그는 곧 '하나님의 아들'이 되리라고 하신다.

네 몸에서 날 네 후손을....나는 그에게 아버지가 되고 그는 내게 아들이 되리니

다윗의 아들이 하나님의 아들이 될 것이다. 이 말씀은 예수 그리스도가 오심으로 성취된다. 예수 그리스도는 다윗의 아들이면서 하나님의 아들이다.

롬 1:3 그의 아들에 관하여 말하면 육신으로는 다윗의 혈통에서 나셨고 4 성결의 영으로는 죽은 자들 가운데서 부활하사 능력으로 하나님의 아들로 선포되셨으니 곧 우리 주 예수 그리스도시니라

다윗의 후손으로 오실 하나님의 아들이 성전을 건축할 것이다.

하나님의 아들과 성전은 같이 가는 개념이다. 다윗의 후손으로 오실 메시아는 하나님의 아들로서 그가 성전을 건축할 것이다. 그 메시아의 왕권은 영원할 것이다. 이것이 유대인의 메시아사상이다.

예수님 당시에도 그들은 이 말씀을 문자적으로 해석하여 다윗의 후손으로 오실 메시아가 다윗의 고향인 베들레헴에서 나실 것이고 그는 모세처럼 출애굽시키고 만나를 내려 먹였던 것 같이 로마의 압제에서 나라를 해방시키고 백성들을 먹여 살리고 성전을 건축할 것이라고 믿었다.

성전을 지을 자와 하나님의 아들 그리스도

예수의 산헤드린 재판에서 유대 지도자들은 성전 문제로 그를 정죄했다.

"이 성전을 헐라. 내가 사흘 만에 지으리라"

요2:19. 예수께서 대답하여 이르시되 너희가 이 성전을 헐라 내가 사흘 동안에 일으키리라 예수의 이 말씀을 책잡고 그들은 예수를 정죄했다. 그들의 율법에 '하나님의 이름을 모독하거나 율법을 훼손하거나 성전을 헐어버린다고 말하는 자'는 신성모독죄로 사형에 처한다. 그들은 예수가 성전을 헐라고 했다는 말로 정죄하여 증인들을 세워 재판에 넘긴 것이다.

그런데 여기서 그들은 예수께 성전 문제를 묻다가 갑자기 "그러면 네가 하나님의 아들 메시야냐?"고 묻는다. 그들의 이 질문은 나단의 신탁, 곧 다윗에게 주신 언약에 근거한다. '다윗의 씨로 메시야가 오면 성전을 지을 것이다'라는 근거에서 묻는 것이다.

마26:61. 이르되 이 사람의 말이 내가 하나님의 성전을 헐고 사흘 동안에 지을 수 있다 하더라 하니 62. 대제사장이 일어서서 예수께 묻되 아무 대답도 없느냐 이 사람들이 너를 치는 증거가 어떠하냐 하되 63. 예수께서 침묵하시거늘 대제사장이 이르되 내가 너로 살아 계신 하나님께 맹세하게 하노니 네가 하나님의 아들 그리스도인지 우리에게 말하라 예수가 "이 성전을 헐라 내가 손으로 짓지 아니한 성전을 사흘 만에 지으리라"라고 한 말을 걸고, 그러면 "네가 하나님의 아들이냐?"라고 물었던 것이다. 예수가 그것을 시인하자 신성모독 죄로 죽인 것이다.

신21:33. "나무에 달린 자는 하나님께 저주를 받았음이니라"
예수를 나무에 달려 죽게 함으로써 하나님의 저주를 받았음을 보이려는 궤계로 로마인들의 손에 정치범으로 몰아 십자가형으로 죽인 것이다. 십자가에 달면 유대인들이 볼 때 예수는 하나님의 저주를 받은 자로 드러나게 하려는 것이다. 그러므로 예수의 복음 전도의 불을 꺼버리고자 했던 것이다.

혈통적인 다윗의 왕조는 망했다. 예수 그리스도 안에서 구속사적으로 재해석되어야 한다. 그러나 유대인들은 예수 그리스도를 인정하지 않는다. 다윗의 왕권이 바벨론에 의해 멸망하고 성전이 불타 없어지자 그들은 다윗에게 하신 나단의 신탁을 재해석하여 아직도 문자적인 해석을 하고 있다. 언젠가는 다윗의 후손에서 메시야가 올 것이고, 예루살렘 성전이 재건될 것이라고 믿고 있다.

그러나 하나님의 뜻은 다르다. 다윗의 씨로 오신 예수 그리스도가 만왕의 왕으로서 우리를 영원히 통치하실 것이다. 다윗에게 한 의로운 가지를 일으킬 것이다. 그는 곧 예수 그리스도이다(렘23:5-6)

눅1:30-33 하나님께서 그 조상 다윗의 왕위를 그에게 주시리니 영원히 야곱의 집을 왕으로 다스릴 것이며 그 나라가 무궁하리라

계5:5 그 조상 다윗의 위를 저에게 주시리니

계22:16 나는 다윗의 뿌리요 자손이니 곧 광명한 새벽별이라

마1:1은 "아브라함과 다윗의 자손 예수 그리스도의 계보라"라고 신약 성경의 문을 연다. 이것은 곧, 예수 그리스도는 하나님께서 아브라함에게 언약하시고, 다윗에게 언약하신 바로 그 하나님의 언약의 자손이라는 뜻이다. 다시 말해서, 예수 그리스도는 아브라함과 다윗의 씨로 오신 구원자, 메시야라는 의미이다.

7장
언약의 관습과 의식들이
신약에서 주는 의미

우리가 언약의 관습을 연구할 때, 중요한 것은 성경에 의하여 확증이 되어야 한다는 것이다. 하나님의 말씀에 더하거나 빼지 말아야 한다.

잠30:6. 너는 그의 말씀에 더하지 말라 그가 너를 책망하시겠고 너는 거짓말하는 자가 될까 두려우니라

다윗은 요나단과 언약을 맺는다. 이 언약은 요나단이 주도권을 가지고 맺은 것이다.

삼상18:1. 다윗이 사울에게 말하기를 마치매 요나단의 마음이 다윗의 마음과 하나가 되어 요나단이 그를 자기 생명 같이 사랑하니라

2. 그 날에 사울은 다윗을 머무르게 하고 그의 아버지의 집으로 다시 돌아가기를 허락하지 아니하였고 3. 요나단은 다윗을 자기 생명 같이 사랑하여 더불어 언약을 맺었으며 4. 요나단이 자기가 입었던 겉옷을 벗어 다윗에게 주었고 자기의 군복과 칼과 활과 띠도 그리하였더라

요나단은 다윗을 자기 생명 같이 사랑하여 언약을 맺었으며(삼상18:3), 요나단이 자기가 입었던 겉옷을 벗어 다윗에게 주었고, 자기의 군복과 칼과 활과 띠도 그리하였더라(18:4)고 한다.

삼상18:3에 요나단은 다윗과 "언약을 맺었다"라고 했다. 이것은 카라트, 베리트 라는 단어로서,
언약은 국가 사이에 우호적인 조약이나 동맹, 군주와 신하사이의 의무 관계로 맺어진 헌장, 개인 간의 맹세를 의미하고, כָּרַת "맺었다"는 말의 뜻은, "자르다"는 뜻이다. 이것은 짐승을 쪼개 놓고 생명을 걸고 피로 맺은 언약에서 온 개념이라고 말한바 있다.

언약의 관습은 시대에 따라 조금씩 다르다. 그러나 삶과 죽음 사이에서 생명을 걸고 피로 맺었다는 의미는 변함이 없다. 하나님은 요나단과 다윗의 언약 관습을 통해 새 언약의 당사자인 그리스도와 우리가 어떤 관계인가를 설명해 주고 있다.

'요나단은 다윗을 자기 생명 같이 사랑하여 더불어 언약을 맺었다'고 한다. 요나단의 사랑은 인간적인 우정을 넘어 하나님이 인간을 사랑하는 아가페적 사랑을 느꼈다는 것이다.

언약 당사자는 요나단과 다윗이다. 언약의 내용은 요나단이 자기 생명으로 다윗의 생명을 지켜주겠다는 것이다. 언약 증표는 요나단이 다윗에게 자기 겉옷을 벗어주고 군복과 칼, 활, 띠, 생명을 지키는 무기를 준 것이다. 자기 생명과 피를 상징하는 무기를 대신 준 것이다.

언약은 하나님 앞에서 피로 맺은 것이다. 언약은 반드시 피로 맺은 것이라야 효력을 발휘한다. 요나단이 다윗과 맺은 언약은 일방적인 계약이다. 다윗이 먼저 원해서가 아니다. 요나단이 다윗을 자기 생명 같이 사랑하므로 언약을 맺은 것이다. 하나님과 아브라함의 언약, 예수 그리스도와 나와의 언약과 같이 요나단의 일방적인 다윗 사랑으로 맺은 은혜 언약이다.

삼하1:26. 내 형 요나단이여 내가 그대를 애통함은 그대는 내게 심히 아름다움이라 그대가 나를 사랑함이 기이하여 여인의 사랑보다 더하였도다

요나단의 사랑은 아버지 사울과의 관계를 뛰어넘는 부자간의 사랑보다 앞선 희생적이며 변함없는 사랑이다. 남녀의 결합 이상의 마음이 통하고, 굳은 신뢰가 있는 아가페적 사랑이요, 최고의 우정이었다.

요나단이 언약의 증표로 다윗에게 준 것은 겉옷과 군복, 무기인 칼과 활 그리고 그의 띠를 준 것이다. 요나단이 언약의 증표로 다윗에게 준 것들을 통하여 신약에서 주님께서 언약 안에 있는 우리에게 주신 것들이 무엇이며 그 의미가 무엇인지를 살펴보고자 한다.

★겉옷

요나단은 다윗에게 자기 겉옷을 벗어주었다.

겉옷은 신분을 상징한다. 요나단이 다윗에게 자신의 겉옷을 벗어 다윗에게 준 것은 왕권을 주겠다, 왕 계승권을 주겠다는 의미이다.(삼상23:17)

삼상24:20. 보라 나는 네가 반드시 왕이 될 것을 알고 이스라엘 나라가 네 손에 견고히 설 것을 아노니

사울과 요나단은 다윗이 사무엘로부터 기름 부음을 받은 것을 알고 있었고, 사울이 아말렉 사건으로 불순종할 때 사무엘을 통해 이미 왕권 박탈의 통보를 받았다.(삼상15:28) 요나단은 삼상 17장에서 다윗이 골리앗과 싸우는 광경을 목격했다. 다윗이 하나님의 명예를 위해 용기와 능력을 가지고 싸우는 모습을 보고 요나단은 하나님께서 차기 왕으로 자신이 아닌 다윗을 선택하셨음을 확신하게 되었다.

아버지 사울은 인간적인 감정과 시기로 왕권을 지키려고 다윗을 죽이려 쫓았으나, 요나단은 자기 겉옷, 왕자의 신분을 벗어 다윗에게 줌으로써 왕권을 포기하고 있다.

요나단이 다윗에게 자기 겉옷을 벗어주었을 때, 다윗은 요나단을 입었고, 둘은 언약 안에서 하나가 된 것이다. 다윗과 요나단은 이제 개인적인 삶이 끝나고 언약 안에서 '너와 나는 하나가 되었고, 삶을 너와 공유하며 살겠다'는 맹세를 한 것이다. 이제부터 '너는 내 분신이다. 너와 운명을 같이하겠다'는 엄숙한 선언이다.

결혼 관계도 언약 관계이다. 남녀가 결혼하게 되면 자기 혼자 마음대로 살았던 결혼 전의 생활을 끝내고 음식이나 잠자리, 물질도 자기 마음대로 쓸 수 없다. 늘 남편은 아내를, 아내는 남편을 고려하며 살아야 한다. '네가 내 안에 내가 네 안에 거하는 것이다.' 서로의 삶에 참여하는 것이다. 그러므로 언약 관계는 둘이 하나가 되는 관계다. 요나단은 예수 그리스도를 예표하고 다윗은 사울에게 쫓기는 우리를 예표한다.

예수 그리스도가 우리에게 입히신 옷

예수 그리스도는 하나님 아들로서 자기를 포기하고 우리를 위해 십자가에 죽으심으로 우리에게 자신이 입었던 겉옷, 하나님 아들의 옷을 입혀주셨다. 예수 그리스도를 믿음으로 우리의 신분을 바꿔주셨다. 왕 같은 제사장으로, 사단의 자녀에서 하나님의 아들이 되게 하셨다.(갈4:6~7)

주님이 우리에게 입혀주신 옷은 거룩한 옷, 칭의의 옷이다. 주님의 겉옷을 우리에게 입혀주심으로 자신의 신분을 우리에게 주셨다. 죄 없으신 하나님 아버지의 아들의 옷을 입혀주심으로, 하나님을 아버지라 부르게 되었고, 우리의 죄를 흰 눈같이, 양털같이 덮어주시고 예수로 옷 입혀주셨다.

갈3:26. 너희가 다 믿음으로 말미암아 그리스도 예수 안에서 하나님의 아들이 되었으니 27. 누구든지 그리스도와 합하기 위하여 세례를 받은 자는 그리스도로 옷 입었느니라

우리가 예수를 영접할 때, 우리는 독립적인 삶에서 죽고, 즉 자아가 죽고 우리는 언약 안에서 예수 그리스도와 하나가 되었다. 예수 그리스도의 작은 분신이 되었다. 이것은 신의 성품과의 놀라운 연합이다. 우리가 하나님과 언약 안에서 하나가 되었고 신의 성품에 참여하게 되었다.(벧후1:4)

우리는 믿음으로 예수 그리스도의 "의"의 옷을 입었다. 예수 그리스도의 "의"가 우리에게 물들었다. 예수 그리스도의 의의 옷, 거룩의 옷으로 우리를 입히셨다. 예수 그리스도의 선한 것으로 옷 입었다. 그의 "의", 그의 생명, 그의 거룩, 그의 온전하심이 내 것이 되었다.

하나님이 우리를 보실 때, 예수 그리스도의 "의"로 옷 입은 우리를 보시기 때문에, 우리를 물리치지 못하시고, 우리에게는 정죄함이 없고 심판이 없다. 이것이 언약 안에서 하나님께서 우리에게 주신 특권이다.

그러나 언약은 책임도 따른다. 언약 안에서 주님의 의의 옷을 입은 우리는 주님과의 관계 속에서 살아야 한다. '칭의'의 개념은 하나님의 자녀로 태어나는 법정적인 것뿐이 아니고 하나님의 아들로 살아가는 관계적 개념이 반드시 동반된다. 이 둘은 동전의 양면처럼 같이 가는 개념이다.

주님이 입혀주신 하나님 아들의 옷을 입은 우리는 우리가 예전에 걸쳤던 세상에서의 누더기 옷을 다 벗어버려야 한다.(엡 4:21 24, 롬6:3 4)

예수님이 우리를 위해서 벗은 것과 입은 것

우리와 언약을 맺으신 예수님도 우리를 위해 벗은 것과 입은 것이 있다.

예수님이 우리를 위해 벗은 것

예수님은 하나님과 동등 되신 분이고 하나님의 본체시다. 하나님과 동등 된 본체의 형상을 벗으셨다.

빌2:6. 그는 근본 하나님의 본체시나 하나님과 동등됨을 취할 것으로 여기지 아니하시고

예수님이 입은 것

종의 형체를 입으셔서 사람들과 같이 되셨다. 사람의 모양으로, 죽기까지 복종하신 제물의 형체를 입으셨다.

빌2:7. 오히려 자기를 비워 종의 형체를 가지사 사람들과 같이 되셨고

요나단은 다윗에게 칼과 활(무기)을 주었다.

무기는 생명을 지키는 도구다. 무기를 주는 것은 네 생명을 지켜주겠다는 것이다. 무기를 교환하는 것은 언약을 맺는 사람이 상대방을 적으로부터 방어할 책임을 상징하는 것이다. 다윗과 요나단은 서로를 보호하고, 필요하다면 적으로부터 서로를 지켜줄 책임이 있었다. "내가 너의 보호자가 되겠다. 너의 원수를 내가 떠맡겠다"는 것이다. 서로를 지켜줄 책임을 떠맡는 상징으로서의 무기 교환이다.

사울은 그의 아들 요나단과 신하들에게 다윗을 죽이라고 명한다.(삼상19:1) 자신이 창을 던져 다윗을 죽이려고 했고 자객을 보내 죽이려고도 했다.(삼상19:10-11) 사울은 다윗의 원수, 대적이 되었다. 언약 관계는 가족 관계보다 앞선다. 요나단은 혈육 관계인 아버지의 명을 어기고 다윗을 보호한다.(삼상20:9,13)

여호수아 9장에 보면 여호수아와 이스라엘 백성들이 기브온 백성들과 언약을 맺는 과정에서 하나님께 묻지도 않고 속아 언약을 맺는다.(수9:15)

 그 후 10장에서 기브온의 대적들을 여호수아와 이스라엘 백성들이 떠맡아 다 진멸하는 장면이 나온다. 비록 그들이 속아서 맺은 언약이라도 하나님 앞에서 피로 맺었기에 절대로 변할 수 없는 구속력을 가진다. 언약의 파트너는 서로를 대적에게서 지켜줄 책임이 있다.(수10:6~7)

하나님은 우리와 언약을 맺으신 분으로서 우리의 대적들을 책임지시고 우리를 원수들로부터 지켜주신다.(시105:15, 요일5:18)

창12:3. 너를 축복하는 자에게는 내가 복을 내리고 너를 저주하는 자에게는 내가 저주하리니 땅의 모든 족속이 너로 말미암아 복을 얻을 것이라 하신지라

예수님, 하나님은 바로 그리스도인을 핍박하는 것이 자기 자신을 핍박하는 것이라고 말씀하신다. 하나님께서는 언약 백성을 치는 것을 자기를 치는 것으로 생각하신다.

행9:4. 땅에 엎드러져 들으매 소리가 있어 이르시되 사울아 사울아 네가 어찌하여 나를 박해하느냐 하시거늘 5. 대답하되 주여 누구시니이까 이르시되 나는 네가 박해하는 예수라

하나님께서는 언약 백성을 치는 것을 자기를 치는 것으로 생각하신다. 하나님의 교회를 치는 것이 곧 자기를 치는 것으로 여기신다. 예수는 믿는 자들 안에 계신다. 이것이 언약이 보여주는 교리이고 무기를 나눈 언약 관계에 있는 자들의 책임이다. 하나님의 백성들을 괴롭히는 모든 세력은 하나님의 원수이다.

그러나 우리가 사람에게 친히 원수를 갚아서는 안 된다. 원수 갚는 일은 하나님이 하신다. 우리가 월권하지 말아야 한다. (롬12:18~21)

언약의 파트너는 대적을 서로 떠맡는다. 하나님은 우리의 모든 대적들을 맡으사 적으로부터 우리를 방어해주신다.

그렇다면 우리는 하나님의 적을 떠맡고 있는가? 우리의 책임을 감당하고 있는가? 우리가 떠맡아야 하는 하나님의 원수는 누구인가? 하나님도 원수가 있다. 하나님의 원수는 곧 나의 원수이다.

요15:18. 세상이 너희를 미워하면 너희보다 먼저 나를 미워한 줄을 알라

예수 그리스도를 누가 미워하는가? 세상이 미워한다. 세상은 하나님을 대적하는 원수다.(요일2:15~17)

약4:4. 간음한 여인들아 세상과 벗된 것이 하나님과 원수 됨을 알지 못하느냐 그런즉 누구든지 세상과 벗이 되고자 하는 자는 스스로 하나님과 원수 되는 것이니라

세상이란 하나님을 대적하는 모든 사상체계, 문화, 습관, 생각, 행위, 사고방식, 개념들, 가치관들을 말한다. 인간은 본능적으로 안락과 쾌락을 추구한다. 그러나 언약백성은 세상 것들을 분별할 수 있어야 한다. 절제는 성령의 열매다. 성령은 우리를 세상 것으로부터 구별되게 하시고 하나님이 주신 기쁨으로 살게 하신다.

하나님 안에는 세상이 주지 못하는 거룩한 쾌락이 있다. 하나님과의 교제에서 오는 기쁨, 순간순간 성령의 음성을 듣고 순종하는 쾌락, 찬양의 기쁨, 봉사의 기쁨, 말씀을 깨달아가는 기쁨. 생명이 주는 거룩한 쾌락은 세상 것과는 비길 수가 없다. 우리의 대적을 하나님이 막아주시는데, 하나님의 원수인 세상 것들로부터 우리도 자신을 지켜야 한다.

요나단은 다윗에게 자신의 띠를 주었다.

띠는 힘을 상징한다. 요나단이 다윗에게 그의 띠를 주었다. 띠는 갑옷의 일부로서, 이 띠는 무기를 제자리에 고정시키는 역할을 했다. 허리띠는 힘을 상징하는 것이고, 언약 맺은 상대방에게 자신의 힘을 준다는 것을 뜻한다.

하나님은 우리에게 자신의 힘을 주신다.

사40:31. 오직 여호와를 앙망하는 자는 새 힘을 얻으리니 독수리가 날개 치며 올라감 같을 것이요 달음박질하여도 곤비하지 아니하겠고 걸어가도 피곤하지 아니하리로다

하나님은 능력의 근원이시다. 하나님의 일은 하나님이 주신 힘으로 해야 한다. 인간은 하나님이 주신 힘이 왔을 때, 진정한 능력을 발휘할 수 있다. 그런데 이상하게도 그 하나님의 힘, 능력을 받지 못하게 방해하는 요소가 인간이 가진 힘이다. 하나님의 힘이 들어오도록 내 것을 비울 때, 하나님의 힘이 들어온다. 인간이 가진 조건은 자기를 드러내게 하고, 자기 유익을 위해 쓰게 된다.

그러므로 그리스도의 능력 안에 머무르게 하시려고 때로는 육체의 가시를 허락하신다. 육체적 약함을 통하여 하나님을 의존하게 하심으로 강하게 하신다.

고후12:7. 여러 계시를 받은 것이 지극히 크므로 너무 자만하지 않게 하시려고 내 육체에 가시 곧 사탄의 사자를 주셨으니 이는 나를 쳐서 너무 자만하지 않게 하려 하심이라

'육체의 가시'라는 단어는 헬라어 σκόλοψ τῇ σαρκί(σάρξ) 스콜로프스 사륵스라는 단어로서 스콜로프스라는 단어는 마른 가지, 말뚝, 뾰족한 창, 가시의 날카로운 끝, 파편 등을 뜻하고 사륵스는 육체라는 말이다. 직역하면 육체에 말뚝이 박힌 것을 뜻한다.

바울은 육체의 말뚝처럼 박힌 가시로 괴로움을 당했다. 그 가시가 질병인지, 마음의 고통인지 외부의 핍박인지 모르나 하나님이 바울의 육체에 말뚝을 박으신 것은 바울이 가진 조건을 자랑치 못하게 인간적 힘에다 말뚝을 박으신 것이다. 육체의 힘을 자랑치 못하게 육체에 말뚝을 박아 하나님만 의지하게 하셨다.

바울은 인간적으로 볼 때 힘을 가진 자다. 히브리인 중에 히브리인이요 베냐민지파요 바리새인이고 율법에 흠이 없는 자로서 가말리엘 문하생이고 로마시민권자다. 하나님은 바울의 이런 인간적인 자랑거리에 말뚝을 박으시고 하나님만 의지하도록 하셨다.

바울은 믿었던 동역자들이 떠나고 심리적 어려움에 처할 때 하나님이 곁에서 힘을 주심으로 감당케 하셨다.(딤후 4:16~17)

모든 사람이 나를 떠나고 혼자 있을 때, 내가 믿었던 자들로부터 상처를 받을 때, 십일조를 가장 많이 하던 성도가 떠났을 때, 동역자에게 배신의 아픔을 당할 때, 몸이 병들었을 때, 내가 믿었던 것들이 떠나는 것은 하나님의 능력의 통로를 열어 놓으신 것이다. 왜 그런가? 사람을 의지하지 말라 하나님만 의지하라고 하신 것이다. 하나님이 하시겠다는 사인이다.

주께서 내 곁에 서서 나를 강건케 하심은 하나님이 주신 힘으로 끝까지 사명의 길을 달려갈 수 있도록 사자의 입과 같은 강력한 사단의 세력에서도, 홀로 버려두신 것 같은 외로움 속에서도 나를 단련하시고 건져주신 것이다. 그런 의미에서 사도의 길은 외로운 투쟁이다. 그러나 혼자 가는 것이 아니고, 항상 내 곁에서 강력한 힘을 주시고 나와 동행하시는 언약의 파트너인 하나님이 함께 하신다. 그러므로 내게 능력 주시는 자 안에서 내가 모든 것을 할 수 있는 것이다.

빌4:13. 내게 능력 주시는 자 안에서 내가 모든 것을 할 수 있느니라

---

*능력이라는 말($δυναμαι$) 뒤나마이는 뒤나미스로 다이나마이트 같은 힘을 말한다. 하나님이 주신 힘은 강력한 폭발력을 가지고 어떤 세력이나 장애물도 깨뜨릴 수 있는 강력한 파괴력과 추진력을 주신다.

교회는 힘을 교환하는 곳이다. 내 힘을 내려놓고 하나님의 힘을 채워가는 곳이다. 힘의 근원은 하나님이시고 하나님의 말씀이다. 믿음의 파이프를 통해 하나님의 능력이 공급된다. 힘을 공급하시는 분은 성령이시다.

왜 하나님이 내게 이런 힘을 주시는가?

하나님이 내게 힘을 주신 이유는 열매를 맺게 하시려고, 하나님의 말씀을 온전히 전파하게 하여 내가 맡은 사명을 끝까지 감당하게 하시려고 주신 것이다.

힘은 곧 우리가 가진 조건이다. 영·육간에 하나님이 주신 것이다. 하나님은 이 모든 것을 가지고 영혼을 구원하는 도구로 쓰라고 주셨다. 주님의 몸을 세우며 생명을 구원하는 일에, 하나님의 영광을 드러내는 일에 쓰라고 주셨다. 내가 가진 모든 것들은 하나님과 연결되어 있어야 한다. 하나님 앞에서 바로 쓰여져야 한다. 하나님을 위해 쓰지 않으면 다 썩은 것이 되고, 오히려 우리를 해치는 도구가 될 수 있다. 하나님이 우리에게 주신 모든 힘은 주를 위해 쓰도록 주셨다.(요15:8, 골1:29)

우리가 가진 보잘것없는 힘을 주를 위해 쓸 때, 하나님은 다이나마이트 같은 힘을 우리에게 주신다. 우리는 종지에 드렸으나 하나님은 바닷물처럼 퍼주신다.

8장
언약의 흔적과 이행

언약은 상처자국이 남는다

언약은 피로 맺은, 생명을 건 연합이고, 언약 맺은 당사자는 몸에 상처 자국으로 남아 있다. 고대에 언약을 맺는 관습을 보면 언약 당사자는 피를 나누는 의식을 행하여 피를 교환하는 방법으로, 손바닥이나 어깨에 상처를 내어 피 흐르는 곳을 맞대어 비비거나 손을 맞잡음으로써 피를 섞어 둘이 하나 되는 의식을 행한 것을 알 수 있다.

피를 섞는다는 뜻은 서로 하나 됨을 뜻하고 이제부터 삶을 공유하겠다는 의미다. 또 언약 맺은 당사자는 서로 생명을 받는다는 의미가 있고 성품을 섞는 것을 뜻한다.

하나님과 언약 맺은 우리도 신인교섭이 이루어졌고 그분의 생명을 받음으로 신의 성품에 참여하게 되었다.(벧후1:4)

하나님과의 언약의 증표로 아브라함과 그 후손들은 피를 흘려 그 몸에 할례자국을 지녔고(창17:26), 하나님도 그 손바닥에 이스라엘의 이름을 새겨놓으셨다.(사49:15~16)

사49:16. 내가 너를 내 손바닥에 새겼고 너의 성벽이 항상 내 앞에 있나니

예수님도 언약의 증표로 그 몸에 상처자국을 지니셨다. 부활하신 예수님의 영화로우신 몸에까지 손과 옆구리에 상처자국을 도마가 확인했다.(요20:27)

사도 바울도 언약의 파트너인 예수 그리스도의 복음을 위해 헌신하고 싸우다 자기 몸에 예수의 흔적을 가졌다고 말한다.(고후11:23-31)

갈6:17. 이 후로는 누구든지 나를 괴롭게 하지 말라 내가 내 몸에 예수의 흔적을 지니고 있노라. "흔적" στίγματα 스티그마는 주인 소유의 노예에게 찍은 낙인이다.

우리의 언약의 파트너이신 예수 그리스도는 내 생명을 구원하기 위해 손과 발에 십자가에 못 박힌 흔적과 옆구리에 창 자국이 있다. 하나님 아버지께서도 예수 그리스도를 이 땅에 보내시고 인간구원의 언약을 지키시려고 독생자 예수 그리스도를 십자가에 제물로 내어주시고, 절규하며 죽어가신 예수 그리스도의 죽음을 외면해야 하는 아픔의 흔적이 있다. 바울은 복음 때문에 그 몸에 흔적을 가지고 있다.

나는 내 언약의 파트너인 예수 그리스도를 위해 어떤 흔적을 가지고 있는가? 예수 때문에 받은 고난, 복음 때문에 받은 상처, 사명 때문에 당한 아픔이 흔적이다. 상처가 없다면 내가 하나님과 언약 맺은 관계가 아니다. 내가 주를 위해 고통당할 때 내 몸에 예수의 흔적을 새기는 것이다. 주님이 내게 언약의 증표를 주시는 것이다. 복음 때문에 당한 아픔은 하나님과 내가 언약 관계임을 확인시키는 것이다. 하나님이 내 안에 흔적을 새길 때, 참는 것 밖에는 없다. 오히려 기뻐하고 감사하라고 하셨다. 그 상처는 곧 영광의 흔적이 될 것이다.

아브라함의 언약 이행

아브라함은 하나님의 언약을 믿음으로 그의 삶 가운데서 전심으로 이행하며 살았다. 아브라함이 언약을 순종하기까지는 여러 가지 우여곡절과 고난 가운데서 하나님은 그를 보호하시고 믿음의 사람으로 성장시키시며 그와 맺은 언약을 신실하게 이루어가셨다.

★하나님은 아브람에게 명하셨다.

창12:1 '너는 고향 친척 아버지 집을 떠나 내가 네게 보여줄 땅으로 가라' 아브람은 하나님의 명을 받았을 때 갈 바를 알지 못하고 갔다고 한다.

히11:8. 믿음으로 아브라함은 부르심을 받았을 때에 순종하여 장래의 유업으로 받을 땅에 나아갈새 갈 바를 알지 못하고 나아갔으며

아브라함이 살던 갈대아 우르는 유프라테스와 티그리스 두 강의 하류지역으로 비옥한 땅이었고 인류 문명의 발상지로 당시 최고의 문화수준을 이루고 있었던 수메르지역이다. 그뿐 아니라 갈대아 우르는 무역이 성행한 상업도시로 돈이 돌던 곳이다. 아브라함은 인간적으로 볼 때 살기 좋은 이 땅을 떠나기가 쉽지 않았을 것이다.

★하나님의 명령 창21:12 이스마엘을 내쫓으라.

아브라함은 하나님께서 이스마엘을 내쫓으라는 명령을 받고 심히 고통스러웠을 것이다. 이스마엘은 인간적으로 자신의 장자가 아닌가? 하나님은 그를 내쫓으라고 하신다.

창21:11. 아브라함이 그의 아들로 말미암아 그 일이 매우 근심이 되었더니

이스마엘은 아브라함의 아들이다. 비록 사람의 방법대로 낳았지만 사랑하는, 하나밖에 없었던 혈육이다. 한때 유일한 상속자로 여기며 온갖 애정을 쏟았던 아들이다.

인정을 끊으라! 정과 욕심을 십자가에 못 박으라! 인간적 감정을 버리라고 하신다. 아브라함은 인간적으로 허물이 많았음에도 하나님의 명령에 순종하고 있다.(창21:14)

★하나님의 명령 창22:2 독자 이삭을 모리아 땅 한 산에서 번제로 드리라!

이삭이 누구인가? 약속의 자녀이다.

창17:19. 하나님이 이르시되 아니라 네 아내 사라가 네게 아들을 낳으리니 너는 그 이름을 이삭이라 하라 내가 그와 내 언약을 세우리니 그의 후손에게 영원한 언약이 되리라

21. 내 언약은 내가 내년 이 시기에 사라가 네게 낳을 이삭과 세우리라

이삭은 완벽한 하나님의 언약의 자녀이다. 그런데 왜 하나님께서 언약의 씨인 이삭을 번제로 드리라고 하셨는가? 만약 이삭이 죽었다면 하나님의 언약도 파기되는 것인가? 이것은 하나님께서 아브라함을 시험하시고자 함이다. 하나님께서 아브라함에게 하신 언약을 확실히 믿는지, 곧 하나님 자신을 경외하는지 확인하시려는 것이다.

우리는 흔히 하나님의 약속을 받았으면서도 현실에 어려움이 닥치면 하나님의 약속을 잊어버린다. 또 하나님과 나 사이에, 하나님과의 관계 속에서 그 어떤 것이 생기게 되면 시험이 올 수 있다. 아브라함은 100세나 되어서 낳은 아들 이삭을 너무나 사랑했을 것이다. 이삭을 하나님보다 더 우선순위에 두고 있는지 의심할 만큼 사랑했던 것이다. 이것을 하나님이 곧 시험하신 것이다. 이삭도 하나님께 경배해야 할 아들이다. 우상이 되게 해서는 안 된다.

아브라함은 백세에 얻은 아들 이삭을 하나님께서 번제로 드리라고 하실 때 지체 없이 순종했다.

창22:3 '아브라함이 아침에 일찍이 일어나' 곧 순종하는 모습이다. 사라에게도 아들을 바치러 간다고 말하지 않았다.

창22:5 "너희는 여기서 기다리라 내가 아이와 함께 저기 가서 예배하고 우리가 너희에게로 돌아오리라" 아브라함은 그 종들에게 이삭과 함께 돌아온다고 말한다(말대로 된다).

창22:7-8 "아버지! 번제할 양은 어디 있나이까?" "내 아들아! 번제할 양은 하나님이 자기를 위하여 친히 준비하시리라" 하나님이 준비하신다고 고백한다.

창22:9-10 하나님이 일러주신 곳에 이르러 아브라함이 그 곳에 제단을 쌓고, 나무를 벌여놓고, 그의 아들 이삭을 결박하여, 제단 나무 위에 놓고, 손을 내밀어 칼을 잡고, 그 아들을 잡으려 하니, 칼로 치려는 순간

창22:11 아브라함아! 아브라함아! 하나님이 급하셔서 두 번을 부르신다.

그 아버지에 그 아들이다. 이삭이 나무를 짊어지고 산을 오를 정도면 적어도 십사오 세 정도는 되었을 것이다. 자신이 제물이라는 것을 알아챘을 때 아버지를 밀치고 충분히 도망갈 수 있는 나이다. 그러나 이삭은 자신을 잡으려는 아버지께 자신을 맡기고 도망가지 않았다.

12. 사자가 이르시되 그 아이에게 네 손을 대지 말라 그에게 아무 일도 하지 말라 네가 네 아들 네 독자까지도 내게 아끼지 아니하였으니 내가 이제야 네가 하나님을 경외하는 줄을 아노라 13. 아브라함이 눈을 들어 살펴본즉 한 숫양이 뒤에 있는데 뿔이 수풀에 걸려 있는지라 아브라함이 가서 그 숫양을 가져다가 아들을 대신하여 번제로 드렸더라 14. 아브라함이 그 땅 이름을 여호와 이레라 하였으므로 오늘날까지 사람들이 이르기를 여호와의 산에서 준비되리라 하더라

아브라함의 최대의 복은 여호와 이레다. 여기서 두 부자의 눈이 열린다. 하나님이 이삭 대신 제물이 될 어린양을 보여주신다. 이삭을 바칠 때 여호와 이레를 보여주신다. 예수의 모형, 구속주를 보여주신다.

이삭은 예수의 모형을 이루었다. 죽기까지 순종하는 예수의 모형을 이룬 것이다.

하나님은 아브라함의 믿음을 시험하시고(네 마음을 알았다) 여기서 구속주를 보여주신다(여호와 이레). 또 하나님은 인신제사를 받으시는 분이 아니시다는 것을 알려주신다(몰렉종교 감염예방). 그리고 천지는 없어질지라도 하나님의 약속은 영원하다는 것을 확인시키신다.

아브라함은 그의 씨로 오실 메시야를 믿음의 눈으로 보고 기뻐하였다.

요8:56. 너희 조상 아브라함은 나의 때 볼 것을 즐거워하다가 보고 기뻐하였느니라

창22:10 '손을 내밀어 칼을 잡고 그 아들을 잡으려 하더니'... 아브라함은 폼만 잡은 것이 아니다. 실제로 아들을 잡으려고 칼을 들어 찌르려 한 것이다.

"아브라함아! 아브라함아!" 하나님이 급하게 두 번 부르시면서 말리신 것이다. 사실 죽은 자를 도로 받은 것이다(히 11:19). 동양권에서는 특히 아들은 아버지 자신의 생명보다 더 귀한 존재다. 자신이나 아들 중 하나가 죽어야 되는 선택의 기로에 있을 때, 아들을 살리고 자신이 죽는다. 아들을 죽인다는 것은 더 큰 포기이다.

창22:12 하나님께 절대순종, 합격이다. 그러나 조심하라! 절대 아들은 안 받는다. 인신제사를 안 받는다.(몰렉종교 경고) 하나님께서는 언약에 대한 아브라함의 헌신 정도를 시험하고 계신다. 아브라함은 가장 귀한 것을 포기함으로 하나님 앞에 그 믿음을 인정받았다.

 이삭은 약속의 아들이었기에 하나님께서 다시 살리실 것을 믿었다.

 히11:19. 그가 하나님이 능히 이삭을 죽은 자 가운데서 다시 살리실 줄로 생각한지라 비유컨대 그를 죽은 자 가운데서 도로 받은 것이니라 영적으로 모리아산은 교회를 상징하고 이삭을 묶었던 끈은 말씀의 결박을 의미한다. 칼은 말씀으로 죽어 제물 됨을 뜻한다. 이것의 영적 의미는 자식을 데리고 교회로 가서 말씀의 끈으로 결박하여 제물 된 삶을 살게 하라는 교훈을 남긴다.
이스라엘 자녀를 묶는 세 가지 끈이 있다.
율법과 부모와 교사다
이것은 모두 야라(가르치다)에서 유래했다.

창22:19 아브라함과 이삭이 그 종들에게로 돌아간다.(말대로 이루어짐)
아브라함은 하나님과의 언약을 그의 전 삶을 통해 신실하게 이행한다.

다윗의 언약 이행
다윗이 요나단과 맺은 언약을 그 아들에게 어떻게 신실하게 지키고 있는가?
요나단은 다윗과 언약을 맺는다.(삼상18:3)(삼상20:14~17)
언약이 다윗의 집과 요나단의 집으로 확대된다.(삼상20:42)

사울은 다윗이 반드시 왕이 될 것이라고 알고 있다. 그러므로 자신의 후손을 끊지 말아달라고 여호와 앞에서 맹세토록 한다. 왕이 바뀌면 전 왕의 자손과 집안은 몰살당하는 것이 전례다.(삼상24:20~22)

사울이 하나님의 명령을 거역하여 사무엘을 기다리지 못하고 자신이 제사를 드린다. 이 일로 하나님은 사울의 나라를 빼앗아 다른 사람에게, 하나님의 마음에 맞는 사람에게 주셨다고 선언한다.(삼상13:13~14) 또 사울이 아말렉 사건으로 범죄하여 하나님께서 사울을 버리신다.(삼상15:23)

사울은 하나님을 두려워하지 않는다. 하나님의 말씀을 듣는 것보다 자기의 욕심을 따라 산다. 사무엘을 통해 왕위를 폐한다는 말을 듣고도 회개치 않는다. 사울의 완고한 고집(우상숭배와 같다), 욕심, 명예욕, 시기, 질투로 인하여 좋은 동역자를 잃는다. 하나님은 사울에게 40년이란 기회를 주셨으나 그는 회개하지 않았다. 욕심이 인간의 영성을 흐리게 한다. 사울은 하나님의 뜻을 알면서도 그 뜻을 헤아려 회개하지 않고, 인간적인 방법으로 저지하려고 하나님이 기름 부으신 다윗을 죽이려고 군대를 동원하여 추적한다. 그 일로 수많은 사람들의 피를 흘린다. 결국 사울에게서 하나님의 영이 떠나고 악령이 그를 번뇌케 한다.

다윗은 두 번이나 사울을 죽일 수 있었던 결정적인 기회가 있었으나 그를 죽이지 않았다. "여호와께서 그를 치시리니 혹은 죽을 날이 이르거나 또는 전장에 나가서 망하리라" 하고 하나님께 맡긴다.(삼상24:17~18)

결국 블레셋과의 전쟁에서 사울과 세 아들이 함께 죽는다. 사울과 요나단, 아비나답, 말기수아가 블레셋과의 전쟁에서 패전하여 길보아산에서 죽는다.(삼상31:6)
다윗은 사울과 요나단의 죽음을 애통해한다.(삼하1:25~26)

다윗은 여호와의 기름 부음을 받은 왕을 자신이 죽였다고 말한 아말렉 소년을 죽인다. 다윗은 사울의 후손을 끊지 않고 사울의 이름을 멸하지 않겠다고 사울에게 맹세를 했다.
군대 지휘관 바아나와 레갑이 자고 있는 사울의 아들 이스보셋을 암살하고 그의 머리를 베어 밤새 달려가 다윗에게로 온다. 다윗이 사울의 아들 이스보셋을 원수로 여겨 좋아할 줄 알았으나 오히려 다윗은 그들을 죽인다. 요나단과 사울과 맺은 언약 때문에 다윗은 그 언약을 신실하게 이행한다.

다윗은 요나단과의 언약을 기억하고 그의 아들 절뚝발이 므비보셋을 찾아 그에게 은총을 베푼다.(삼하9:7~8) 그의 조부 사울 왕의 모든 재산을 다 돌려주고, 그를 왕자들처럼 대우하여 한 상에서 먹게 한다. 왕권이 바뀌면 그의 자손은 몰살당해야 했고, 더욱이 절름발이는 왕궁 출입을 금했으며 왕 앞에 설 수도 없었다(삼하5:6-8). 다윗은 요나단과의 언약을 인하여 전심으로 그의 가족들을 지키고 보호하며, 하나님 앞에서 신실하게 언약을 지켜간다. 이에 감격한 므비보셋은 자신을 "죽은 개 같은 나를 이렇게 대우하시나이까"라고 한다. 그는 두 발을 다 절었다.

민족주의자 사울이 기브온 사람을 죽인 일로 하나님이 이스라엘에 삼 년을 거듭 기근이 들게 하신다. 이때 기브온 사람들의 청으로 사울의 자손 일곱을 내어주어 죽이기로 할 때 다윗은 요나단과의 언약을 지키기 위해 요나단의 아들 므비보셋을 내어주지 않는다.(삼하21:7~9)

다윗은 자신이 왕권을 가진 자로 살았으나 사는 날 동안 요나단과의 언약을 신실하게 지켰다. 환경이 바뀌었다고 요나단과의 언약을 져버리지 않았다.

하나님을 사랑하는 것이란 전심으로 언약을 지키는 것이다. 하나님과 인간 사이는 언약으로 연결되어 있다. 하나님은 창세기의 에덴에서 아담에게 하신 언약, 아브라함에게 하신 언약을 신실하게 지키셨다. 지금도 지키고 계신다.

언약은 생명이 걸린 것이다. 쉽게 할 수 없는 구속력을 가지고 있다. 언약은 반드시 지키는 것이다. 환경이 변한다고 언약을 배반하면 안 된다. 그러기에 천지는 없어져도 하나님의 언약은 영원하다.

9장

이스라엘 공동체의 언약파기

언약은 쪼개놓은 고기 사이로 언약의 당사자가 지나가며 생명을 담보로 하는 맹세다. 만약 언약의 조건을 파기할 시 이 짐승처럼 쪼개져 죽을 것이라고 하는 자기 선언이다. 언약 맺은 당사자는 말만이 아닌 삶에서 언약을 지킬 의무가 있다.

하나님의 자녀들이 그와 맺은 언약에 따라 살지 않을 때, 때 아닌 죽임을 당한다. 언약을 파기할 때 징계하는 것도 쌍방 간의 언약이다.(신30:19)

광야에서의 언약파기

이스라엘은 언약 백성이다. 출24장에서 하나님과 함께 피뿌림으로 쪼개놓은 고기 사이로 지나간 언약 백성이다. 하나님께서는 모세를 통해 그 내용을 써주셨고 이스라엘 백성의 귀에 들려주셨다. 그들은 "다 지키겠다"라고 맹세했으나, 그 언약을 지키지 못하고 파기했다.(출24:7)

이스라엘은 시내산에서 하나님과 언약을 맺고 모세가 산에 올라 하나님이 친히 쓰신 언약의 두 돌판을 가지고 내려오는 중에 그들은 계약서의 잉크도 마르기 전에 금송아지 우상을 만들어 하나님의 언약을 파기했다.(출32:19)

이 일로 이스라엘 백성 중 삼천 명 가량이 죽임을 당했다.(출32:28)

또한 가데스 바네아에서 이스라엘은 가나안땅을 정탐하고 돌아온 정탐꾼들의 말을 듣고 밤새도록 통곡하며 모세와 아론을 원망하고 애굽으로 돌아가자고 모의한다. 아브라함과 그의 후손들에게 가나안땅을 기업으로 주시겠다고 하신 하나님의 언약을 믿지 못하고 하나님을 원망한 그들은 결국 출애굽 세대가 다 소멸되기까지 광야에서 사십 년을 방황하게 되었다.(민14:22, 33, 37)

또 이스라엘이 바알 브올 사건으로 모압 여인들과 음행하고 그들의 신들에게 절함으로써 하나님이 진노하셨다. 이 사건에 가담한 백성의 수령들이 목매어 죽고 이만 사천 명이 염병으로 죽었다.(민25:1~4,9)

가나안 땅에서의 언약파기

가나안 땅에 들어간 이스라엘 백성은 모세가 그토록 귀가 닳도록 교육하고 경계시킨 하나님의 언약을 잊어버리고 그들과 혼합결혼을 하고 그들의 신들을 섬김으로써 하나님의 진노를 샀다.

삿2:2. 너희는 이 땅의 주민과 언약을 맺지 말며 그들의 제단들을 헐라 하였거늘 너희가 내 목소리를 듣지 아니하였으니 어찌하여 그리하였느냐

하나님은 이방민족을 들어 그들을 징계하시고 이스라엘이 고통으로 부르짖을 때에 하나님은 사사를 세우셔서 그들을 구원하셨다. 사사가 죽으면 또다시 우상에 빠졌다. 이 같은 이스라엘의 언약파기는 사사시대 삼백육십 년 동안 반복해서 악순환으로 거듭되었다.(삿2:11~15)
하나님은 그들이 우상을 섬기고 그 결과 이같이 징계를 받는 원인은 그들이 여호와를 알지 못한 연고라고 하신다. 가나안 땅에서 태어난 다른 세대는 여호와를 알지 못했고 여호와께서 이스라엘에게 행하신 일들도 알지 못했다고 하신다.(삿2:10)

오늘날로 말하면 신앙교육의 부재다. 이스라엘의 부모들이 신앙교육을 안 했다고는 볼 수 없으나 유목문화에서 농경문화로 급격히 변화하는 환경 속에서 신앙교육이 세상 문화를 따라잡지 못했다. 하나님을 알지 못하면 세상문화에 동요되는 것은 불 보듯 뻔한 것이다.

하나님은 쉐마와(신6:4~9) 여러 가지 증거물들을 통해 후세들의 신앙교육을 그토록 강조하셨으나 이스라엘은 풍요와 번영을 추구하는 가나안의 토착문화를 이기지 못했다.

베니게가 원조인 가나안의 종교, 비를 준다는 신 바알과 번영의 신 아세라, 아스다롯, 이 종교는 음란한 행위를 공식적 예배 행위로 허용하고 있고 전쟁에서 이기게 하여 국가를 지켜준다는 암몬과 모압의 국신 몰렉종교는 어린아이를 인신제사로 드린다. 앗수르의 신 일월성신과 주변국들의 온갖 우상들을 들여와 섬김으로써 이스라엘은 하나님의 진노를 일으켰다.

분열왕국 기간 동안에도 이스라엘은 왕들과 백성들이 하나님이 그토록 미워하시는 이방의 우상을 섬기며 하나님을 진노하게 했다. 북왕국 이스라엘은 정통이 없이 세워진 나라로 힘이 원리다. 무력에 의한 군사혁명으로 왕권이 자주 바뀐다.

그러나 남유다는 정통이 있다. 율법이 있고 예루살렘 성전이 있고 다윗의 씨가 아니면 왕이 될 수 없다. 중간에 선한 왕들이 나와 종교개혁을 하고 나라를 바로 세웠으나 오래가지는 못했다. 북이스라엘보다 136년이 더 연장되었다.

북왕국 이스라엘은 첫 번째 왕 여로보암이 자신의 왕권 수호를 위해 백성이 예루살렘에 제사하러 가는 것을 금하여 금송아지를 만들어 단과 벧엘에 두어 섬기게 하고 레위인이 아닌 아무에게나 제사장을 삼았으며 절기를 인위적으로 변동하여 지키게 함으로써 그 첫 단추부터 우상숭배로 나라를 열었다. 그같이 여로보암이 세워놓은 삼대 정책은 마지막 왕 호세아까지 그대로 지켜졌다.(왕상12:27~33)

하나님은 왕 곁에 선지자를 두어 왕의 노선을 바로잡고 신정통치를 하기를 원하셨다. 그러나 왕과 방백들이 세상나라의 부국강병책을 추구함으로써 하나님을 버리고 세상나라에 의존했다.

당시 세계 최고의 경제대국인 베니게는(페니키아) 남북 이스라엘을 망하게 한 숨은 주역이다. 두로와 시돈이 대표 수도다.(슥9:2~3) 베니게는 당시 최첨단의 기술력을 가지고 발명품들을 만들었고 금과 맞바꾸는 자색염료를 독점 생산했다. 그들은 최고의 건축술로 솔로몬 성전이나 왕궁도 베니게의 기술력으로 지원했고 선박을 만드는 기술, 항해술을 통해 지중해 무역을 독점했다.(겔 27장)

 베니게는 세상나라의 대표로서 베니게와 손잡지 않고는 경제를 말할 수 없었다. 솔로몬도 베니게와 손잡고 오빌의 금과 무역품들을 실어왔다.(왕상9:27~28, 10:22)

 당시는 종교 국가들이라서 다른 나라와 동맹을 맺으려면 그 나라의 신을 받아들여야 한다. 베니게의 신은 바알이다. 베니게는 바알의 원산지다.

북왕국 오므리 왕조 아합도 시돈왕의 딸 곧 베니게 왕의 딸인 이세벨과 결혼함으로써 북이스라엘이 바알과 아세라 천지가 되었다. 이세벨의 딸 아달랴가 남유다 여호사밧의 아들 여호람에게 시집와서 여호사밧의 아들들을 다 죽이고 자기 손자들까지 몰살했다. 남쪽도 우상 천지가 되었다. 다윗의 혈통이 끊어질 뻔했다.

이같이 왕과 방백들은 경제를 위해 베니게의 바알을 끌어들였고 일반 평민들은 농사에 비가 오게 해달라고 바알을 끌어들였다. 경제의 힘 돈의 힘은 막강하다.

돈의 힘은 오늘날도 교회를 타락하게 하고 병들게 한다. 주님은 두 주인을 섬길 수 없다고 하신다. 하나님이 주인 되시지 않으면 돈이 주인이 된다.

마6:24. 한 사람이 두 주인을 섬기지 못할 것이니 혹 이를 미워하고 저를 사랑하거나 혹 이를 중히 여기고 저를 경히 여김이라 너희가 하나님과 재물을 겸하여 섬기지 못하느니라

그러므로 우상의 뿌리는 우리 마음에 있다. 탐심이 곧 우상이라고 하신다.(골3:5)

언약 백성인 이스라엘은 끊임없이 우상숭배를 하여 하나님을 버리고 틈만 있으면 주변국의 우상을 따라가 섬김으로써 하나님을 배반했다.

하나님은 그의 선지자들을 끊임없이 보내셔서 이스라엘과 유다를 책망하셨고 하나님의 언약으로 돌아오라고 호소하셨다. 하나님은 엘리야 엘리사를 보내셔서 아합 집의 우상숭배를 책망하셨고(왕상18:18), 음란한 아내를 둔 호세아는 하나님을 떠나 음행하는 이스라엘을 향해 남편 된 하나님의 아픈 사랑을 호소하고 있다.(호4:12,17, 호6:1,3,6~7)

이사야는 하나님을 떠나 부패한 유다를 향해 애통하는 마음으로 죄를 지적하고 하나님의 언약으로 돌아오라고 회개를 촉구한다.

사1:2. 하늘이여 들으라 땅이여 귀를 기울이라 여호와께서 말씀하시기를 내가 자식을 양육하였거늘 그들이 나를 거역하였도다

4. 슬프다 범죄한 나라요 허물 진 백성이요 행악의 종자요 행위가 부패한 자식이로다 그들이 여호와를 버리며 이스라엘의 거룩하신 이를 만홀히 여겨 멀리하고 물러갔도다

18. 여호와께서 말씀하시되 오라 우리가 서로 변론하자 너희의 죄가 주홍 같을지라도 눈과 같이 희어질 것이요 진홍 같이 붉을지라도 양털 같이 희게 되리라

예레미야는 하나님의 언약을 배반한 유다를 향해 하나님의 심판을 선고한다.(렘26:4~6) 예레미야는 나라가 멸망하는 것을 보면서 기도하지도 못하고 울기만 했던 눈물의 선지자다.

북왕국 이스라엘은 B.C.722년 앗수르에 의해 망했고 백성들은 앗수르의 포로가 되어 그 땅에서 돌아오지 않았다.(왕하17:3~6)

남유다는 B.C. 586년 바벨론에 의해 성전이 불탔고 왕과 백성은 포로가 되어 바벨론 땅으로 옮겨져 나라는 완전히 멸망했다.(대하36:15~20)

성경은 이스라엘이 이같이 망한 이유를 하나님의 언약을 버리고 우상을 섬겼기 때문이라고 한다.(왕하17:7~23)

이스라엘이 포로가 된 것은 모세의 율법 언약을 어겼기 때문이다. 하나님은 이스라엘과 유다에 하나님의 언약대로 저주를 내리셨다.(신29:21)

언약을 어긴 결과 하나님께서 그들을 칼과 기근과 염병에 붙이시고, 온 땅에 흩어 포로가 되게 하셨다. 하나님의 저주를 받게 된 것이다. 멸망의 저주가 아니라 징계의 저주다.

비록 율법 언약을 파기해서 징계를 받았다고 해도 그 징계의 목적은 멸망이 아니라 하나님과의 관계 회복에 있다. 회개하고 돌이키라는 것이다.

"나는 네 하나님이 되고 너는 내 백성이 될 것이라"는 관계 회복을 원하신다.

10장
새언약

 이스라엘이 포로가 된 것은 모세의 율법 언약을 어겼기 때문이다. 모세의 율법 언약은 언약 백성이 지켜야 할 삶의 기준이고 이스라엘 백성들이 하나님과 피 뿌림으로 동의한 언약이다. "우리가 다 지키겠습니다"라고 맹세한 그들은 하나님과 맺은 쌍방 계약을 파기했다.

 그러나 하나님께서는 아브라함에게 하신 언약을 신실하게 지키시기 위해 새 언약을 주신다.

 나라가 멸망하는 것을 보면서 애통해하는 예레미야와 에스겔에게 하나님은 새 언약을 약속하신다.

 우리가 하나님과 언약 관계에 있다는 것은 우리를 얼마나 흥분시키는지 모른다. 특히 새 언약이 얼마나 위대한 것인가를 볼 것이다. 또 새 언약이 옛 언약과 어떤 관계에 있으며, 어떤 차이가 있는가를 살펴볼 것이다.

렘 31:31-34

31 여호와의 말씀이니라 보라 날이 이르리니 내가 이스라엘 집과 유다 집에 새 언약을 맺으리라

32. 이 언약은 내가 그들의 조상들의 손을 잡고 애굽 땅에서 인도하여 내던 날에 맺은 것과 같지 아니할 것은 내가 그들의 남편이 되었어도 그들이 내 언약을 깨뜨렸음이라 여호와의 말씀이니라

33. 그러나 그 날 후에 내가 이스라엘 집과 맺을 언약은 이러하니 곧 내가 나의 법을 그들의 속에 두며 그들의 마음에 기록하여 나는 그들의 하나님이 되고 그들은 내 백성이 될 것이라 여호와의 말씀이니라

34. 그들이 다시는 각기 이웃과 형제를 가리켜 이르기를 너는 여호와를 알라 하지 아니하리니 이는 작은 자로부터 큰 자까지 다 나를 알기 때문이라 내가 그들의 악행을 사하고 다시는 그 죄를 기억하지 아니하리라 여호와의 말씀이니라

하나님께서 예레미야에게 하신 새 언약의 내용을 보면 반복되는 단어가 있다.
"나 여호와, 내가, 나는, 나의 법을"
모든 일을 하나님이 하신다. 하나님이 주권적으로 하신다.

하나님이 아브라함에게 하신 언약을 지키기 위해서, 하나님의 일방적인 약속을 새 언약 안에서 하나님이 일방적으로 성취하신다.

구원은 하나님이 일방적으로 하신다!!

새 언약은 옛 언약과 질이 다르다. 너희 힘으로 지키겠다고 대답했으나 지키지 못했다. 모세를 통해 맺은 옛 언약은 사람의 순종에 의지하는 계약이다. 인간이 지키지 못하고 파기한 계약이다.

그러나 새 언약은 하나님 자신이 모든 것을 떠맡으시고 하나님 자신의 힘으로 이루시겠다고 하신 계약이다.

새 언약은 인간에 의존하지 않고 하나님 자신이 자신의 힘으로 지키시겠다고 하신 계약으로 절대 파기될 수 없는 언약이다.

렘 32:39-41

39. 내가 그들에게 한 마음과 한 길을 주어 자기들과 자기 후손의 복을 위하여 항상 나를 경외하게 하고

40. 내가 그들에게 복을 주기 위하여 그들을 떠나지 아니하리라 하는 영원한 언약을 그들에게 세우고 나를 경외함을 그들의 마음에 두어 나를 떠나지 않게 하고

41. 내가 기쁨으로 그들에게 복을 주되 분명히 나의 마음과 정성을 다하여 그들을 이 땅에 심으리라

31절 내가 이스라엘 집과 유다 집에 새 언약을 맺으리라

32절 이 언약은 출애굽해서 시내산에서 맺은 언약과 다르다. 그들은 언약을 맺었어도 깨뜨렸다.

33절 내가 나의 법을 그들의 속에 두며 그들의 마음에 기록하여 나는 그들의 하나님이 되고 그들은 내 백성이 될 것이라

34절 - 그들에게 여호와를 알라고 말하지 않아도 다 하나님을 알게 될 것이다

내가 그들의 악행을 사하고 다시는 그 죄를 기억하지 아니하리라

39절 - 내가 그들에게 한 마음과 한 길(도, 방법)을 주어 자기와 후손의 복을 위해 항상 나를 경외하게 하고

40절 - 내가 그들에게 복을 주기 위하여 그들을 떠나지 아니하는 영원한 언약을 그들에게 세우고 나를 경외함을 그들의 마음에 두어 나를 떠나지 않게 하고

41절 - 내가 기쁨으로 그들에게 복을 주되 분명히 나의 마음과 정성을 다해 그들을 이 땅에 심으리라

새 언약에서 가장 심오한 비밀은 하나님께서 하나님 자신의 능력으로 인간의 마음을 다루시겠다는 것이다. 하나님의 영을 우리 마음에 두고 하나님의 법을 우리 마음에 새겨서 하나님을 경외하는 마음을 갖게 하심으로 하나님을 떠나지 않게 하시겠다고 약속하신다.

성령과 말씀이 우리 안에 거하게 하심으로 우리의 돌 같은 마음을 제거하시고 성령에 의한 부드러운 마음으로 하나님과 대화하며 하나님을 경외하고 사랑하는 마음으로 하나님께 순종하게 하실 것이다. 하나님이 우리에게 복을 주시기 위해 우리 마음에서 떠나지 않고 계시겠다고 약속하신다. 하나님이 우리 마음에 영으로 들어오셔서 우리를 떠나지 않고 계시면서 우리 마음을 경영하시고 우리도 또한 하나님을 떠나지 않고 말씀을 순종하여 복을 받도록 하시겠다는 언약이다.

새 언약의 놀라운 효력과 능력을 말한다. 즉, 옛 언약에서는 말씀을 돌판에 새겨 놓고 제사장이나 선지자들이 백성들을 가르쳐 하나님을 알게 했으나, 새 언약은 하나님의 법이 각자의 마음판에 새겨져 굳이 다른 사람의 가르침이 없어도 누구나 성령의 역사를 통해 하나님을 알게 된다는 것이다. 지식적으로만 의 앎이 아니고, 전인격적인 앎이 될 것이란 뜻이다.

즉, 하나님께서 하나님의 법을 사람의 마음판에 새겨 놓고, 하나님이 사람의 마음에 들어오셔서 사람의 마음을 주장하시겠다는 것이다. 하나님이 떠나지 않으시고 내 마음에 들어오셔서 경영해 주시므로 말씀을 지킬 수 있게 해 주시고, 축복을 받게 만들어 주시겠다는 것이다.

렘 17:9 "만물보다 거짓되고 심히 부패한 것은 인간의 마음이라"

이것이 인간에 대한 성경의 선언이다. 인간의 마음은 만물보다 부패하여 인간에게는 기대할 것이 없다. 옛 언약을 맺을 때 이스라엘 백성들은 "우리가 다 준행하겠나이다"라고 했지만 실패했다. 실패한 백성들에게 하나님께서는

"이제 내가 세울 새로운 언약이 있다. 이것은 너희에게 돌판에 써서, 책으로 주는 것이 아니라

너희 속에 1. 법을 새기고 2. 한 마음을 주어 3. 하나님을 경외하게 하고 4. 죄도 씻고 5. 영원히 떠나지 않고 6. 그 땅에 살도록 영원한 복을 주겠다"라고 말씀하신 것이다.

"너희 힘으로는 안 돼! 만물보다 부패한 인간의 마음을 가지고는 언약을 지킬 수 없어! 이제는 내가 너희 속에 들어가 너희 속에서 너희를 경영하여 이루어 주겠다"는 것이다.

인간의 마음은 부패하여 이룰 수가 없다. 개심해서 되는 것이 아니다. 외부로부터 새 힘, 새 마음이 들어와야 한다는 것이다.

하나님께서 왜 인간의 마음 판에 하나님의 법을 새겨놓겠다고 하시는가? 인간은 하나님의 말씀으로만 바뀔 수 있기 때문이다. 인간의 본심은 부패하여 자기 생각과 의지만으로는 변화될 수 없다.

죄인 된 인간은 하나님의 말씀을 받아야 살 수 있는 존재다. 그 말씀을 특정 절기에 단회적으로 듣는 것으로 그치지 않고 하나님께서 아예 인간의 마음판에 하나님의 법을 새겨놓으시겠다고 하신다.

그리고 하나님이 영으로 우리 속에 들어오셔서 우리와 함께 거주하시면서 우리 마음에 말씀을 새기시고 그 새겨진 말씀을 생각나게 하시고 깨닫게 하시고 지키게 하시므로 복을 받을 수 있도록 우리 마음을 경영해 주시겠다는 약속이다. 이것은 하나님께서 다 책임져 주신다는 언약이다.

물론 우리를 로봇처럼 취급하시겠다는 말씀은 전혀 아니다. 하나님은 우리의 자유의지와 인격을 존중하신다. 우리가 하나님의 언약에 믿음으로 응답해야 하고 성령과 교제하며 순종해야 한다.

에스겔은 예레미야와 동시대 사람이다. 바벨론에 두 번째 포로로 유다가 망하기 11년 전인 B.C. 597년에 끌려가 그 백성 중에서 예언한 선지자다.

겔 36:26-28

26. 또 새 영을 너희 속에 두고 새 마음을 너희에게 주되 너희 육신에서 굳은 마음을 제거하고 부드러운 마음을 줄 것이며

27. 또 내 영을 너희 속에 두어 너희로 내 율례를 행하게 하리니 너희가 내 규례를 지켜 행할지라

28. 내가 너희 조상들에게 준 땅에서 너희가 거주하면서 내 백성이 되고 나는 너희 하나님이 되리라

하나님의 말씀은 내 의지로 지킬 수 없다. 하나님이 새 영을 주셔야 가능하다. 성령의 역사 없이는 하나님을 알 수도 없고, 예수가 믿어지지 않는다. 하나님은 이스라엘 백성이 언약을 다 지킬 수 없다는 것을 아셨다.

 그럼에도 불구하고 언약을 맺으신 것은 하나님의 백성으로서 기본적인 규범을 가르치기 위함이고 이스라엘 백성으로 하여금 자신들의 힘으로는 도저히 지킬 수 없다는 것을 깨닫게 하기 위함이다.

그러므로 이제는 하나님 차례다. 하나님이 하시겠다는 것이다. 하나님이 아예 성령으로 우리 안에 들어오셔서, 말씀을 마음판에 새겨 놓으시고, 그 말씀을 깨닫고, 알게도 하시고, 믿어지게도 하시고, 지킬 수 있는 능력도 주시겠다는 것이다. 그러므로 복을 받게 하시겠다는 선언이시다.

새 언약은 아예 하나님이 우리 안에 들어오셔서 우리 인생을 경영해 주시는데, 우리의 것인 굳은 마음을 제거하시고 부드러운 마음을 주셔서 하나님을 경외하게 하고 하나님의 율례를 지켜 행하게 하실 것이다.
 구약 시대와는 전혀 다른 것이다. 구약에는 하나님께서 하나님의 성막에 임재해 계시고, 성령의 역사가 어느 특정인에게만 임했다가 그 사명이 끝나면 떠나가셨다. 또 불순종하면 성령께서 떠나가셨다.
 새 언약은 모세의 시내산 언약과 완전히 다르다. 새 언약에서는 성령께서 친히 우리 마음에 들어오셔서 우리 마음판에 말씀을 새겨 놓으시고, 그 말씀을 깨우쳐 주시고, 지킬 능력도 주셔서 복을 받을 수밖에 없도록 하시겠다는 것이다. 우리는 다만 성령께 의지하여 믿음으로 하나님의 언약을 받아들이고 순종하는 것이다.

새 언약에서 가장 중요한 요소는 하나님께서 성령의 능력으로 인간의 마음을 다루시겠다는 것이다. 인간의 인격의 중심인 마음 안에 하나님의 영을 두어 인간의 마음 안에서 하나님께서 말씀하시고 가르치시고 하나님 자신을 계시하시고 역사하셔서 하나님의 언약을 이루어 가신다는 것이다. 하나님과 완전한 조화를 이루어 우리 마음에서 하나님께 감사와 순종으로 하나님께 나아갈 동기를 부여하신다는 약속이다.

하나님을 경외하는 마음을 우리 안에 두시고 하나님의 거룩하신 임재에 우리가 응답하며 하나님과의 바른 관계를 맺으므로 우리가 하나님의 말씀을 행할 수 있게 하시는 것이다.

그러므로 하나님께서 새 언약에서 우리에게 요구하시는 것은 전적인 순종이다. 새 언약은 반드시 순종을 요구한다. 순종치 않을 때는 하나님과 교제할 수 없고 하나님의 은총과 능력을 경험할 수 없다. 하나님께서 우리 마음에 들어오셔서 모든 것을 다 준비해 주시고 다만 인간에게 마음 중심으로 하나님의 언약을 믿고 순종하라고 하신다.

새 언약은 첫 언약인 아브라함의 언약과 다윗의 언약을 성취하는 것이고 옛 언약인 모세의 율법 언약을 완성하는 것이다. 새 언약 안에서 다 완성되는 것이다.

하나님은 예레미야와 에스겔을 통해 이스라엘 나라의 회복과 더불어 새 언약을 약속하고 계신다. 새 언약의 실체이신 예수 그리스도가 오심으로 이것이 다 이루어졌고, 주님이 십자가에 죽고 부활하심으로, 그 후에 성령이 오셔서 이 언약이 다 이루어졌다.

사람이 지키지 못한 것(언약)을 성령을 보내셔서 지키게 하신다.

그림자인 옛 언약의 문제점과 실체인 새 언약의 완전함 (히 8:6~12)

새 언약은 ($διαθήκη$ $καινή$-디아테케 카이네)라는 단어로 그 의미는 새로운 언약, 신선한 언약이라는 말이다.
이것을 풀어 이르면 본질에 있어서 과거와는 완전히 새로운 것이다. 새 언약은 율법과 본질이 다르다.

외부로부터 새것(성령)이 들어온다.

과거의 것은 죄의 지배를 받는 불완전한 내 것이고 내 힘이었다. 그러므로 실패할 수밖에 없었으나 외부로부터 들어오는 새것은 완전하고 흠이 없는 하나님의 인격이신 성령이다. 그분이 내 안에 들어오셔서 나를 가르치시고, 보호하시고, 변호하시며 말씀을 지켜 행하게 하시고, 천국까지 인도해 가신다. 첫 것인 옛 언약은 흠이 있다. 온전치 못하다. 사람이 지킨다고 장담하였으나 지키지 못했다. 죄 된 인간은 자기 의지만으로는 말씀을 지킬 수 없는 것이다.

둘째 것인 새 언약은 무흠한 것이고 사람의 힘이 아닌 성령이 속에 들어와 성령의 힘으로 지키게 하는 완전한 것이다.

'내 법을 그들의 생각에 두고 그들의 마음에 이것을 기록하리라' 하신 것은 인간은 하나님의 말씀으로만 새로워질 수 있다. 하나님의 말씀을 마음에 기록해 두시고 성령께서 그 말씀을 지키게 하신다.

새것은 첫것과 같지 않다. 조건이 없다. 하나님이 일방적으로 하신다. 우리가 구원받은 것은 믿음으로 받았다. 이것은 내가 믿었다가 아니라, 내 속에 있는 성령이 믿게 하셨다는 말이다. 믿어서 구원받은 것이 아니라, 믿어져서 구원받은 것이다.

하나님이 구원해 주신 것을 받았다는 의미이다. 사람의 생각으로는 안 믿어진다. 성령이 하지 않으면 안 믿어진다.

그러므로 주님이 먼저 우리 위해 십자가에 죽고 부활하심으로 구원의 행위를 해 놓으신 것을, 성령을 보내셔서 그것이 내 것이 되도록, 내 속에서 구원이 일어나도록 믿어지게 하시는 것이다. 믿음은 인간이 하나님과 연결된 끈이다!

믿음이라는 방법을 통해 하나님이 구원하신다. 그러므로 믿음은 내 것이 아니라 하나님의 것이다. 그러므로 아무도 자랑할 수 없다. 몸으로 오신 예수는 육신을 입고 있어 인간 개인 개인을 상대하여 죽을 수 없다. 예수의 대속의 죽음을 믿는 자들에게 구원이 임한다. 이것이 하나님의 약속이고, 그것을 믿게 하는 것이 성령의 역사이다.

아무리 하나님께서 예수를 통해 구원을 이루어 놓으셨을지라도 내 속에 성령이 없으면 믿어지지 않고 하나님과 상관없는 자가 된다.

그러므로 하나님께서 새 언약 가운데 성령을 우리 속에 주시겠다고 약속하시고, 하나님의 법, 말씀을 우리 속에 기록해 주시겠다고 하신다. 우리는 이미 우리 속에 내주하시는 성령을 통하여 예수를 믿고 구원받았다.

그 성령이 또한 나를 계속해서 지도하시므로 말씀을 지키며 살게 되었다.

나는 아직도 미숙하고 연약하나 반드시 예수를 닮아 성숙해 갈 것이다. 하나님께서 영으로 우리 안에 거하시는 것이다. 그러므로 어떤 세대보다 우리는 복되다. 인간의 타락한 본성으로는 도저히 말씀을 지킬 수 없다. 구원받을 수 없다. 말씀은 창조의 원동력이다. 말씀이신 예수의 영이 내 안에 계셔야만 재창조가 일어나고 회복의 역사가 일어난다.

그림자와 실체와의 관계 (히 9장-10장)

모세의 장막은 하나의 모형이고, 참 장막인 하늘 장막은 원본이다.(계 21:22)

'모형'이라는 단어는 (ὑπόδειγμα, 휘포데이그마)인데 아래에 두고 보다. 복사하다. 아래에 두고 베껴서 꼭 같은 모양을 만들다. 라는 뜻이다.

모세를 통해 맺은 첫 언약도 피로 세웠다.(히 9:18, 22)

모형과 원본의 차이. 오리지널과 심벌의 차이. 이것은 모세를 통해 지었던 성막에서의 짐승의 피로 드린 제사는 인간의 죄 문제를 단번에 해결해 주지 못했다.

단회적이고 불완전한 임시 조치였다.

그러나 실체이신 예수 그리스도가 오셔서 죄 문제를 단번에 완전히 해결해 주사, 하나님과 인간 간의 전인격적인 온전한 관계를 회복시켜 주셨다.

구약 제사로는 인간의 양심에 죄의식까지를 씻어줄 수가 없었다. 예수 그리스도의 피는 인간의 양심에 죄의식까지 온전히 씻어 자유케 하는 완전한 것이다.

하나님은 참 장막인 하늘 장막의 실체를 알게 하시려고 모세를 통해 장막을 지어 그림 공부를 미리 시키신 것이다. 죄를 씻고 하나님을 만나는 현실적 필요와 영적인 의미를 교훈하셨다.

만유 중에 인간의 죄를 온전히 속량할 수 있는 피는 오직 예수 그리스도의 피뿐이다.

예배는 죄인인 인간이 죄를 씻고 하나님을 만나는 의식이다.

구약은 짐승의 피로 죄를 씻고 하나님께 나아가고 신약은 예수 그리스도의 피로 죄를 씻고 하나님께 나아간다.

모든 제사의 제물은 곧 예수 그리스도를 예표한다. 죄 짓기 전 아담은 하나님께 직접 예배를 드렸다.

인간의 범죄 후 하나님은 짐승의 피를 흘려 가죽옷으로 인간의 수치를 덮어 주셨다. 이때부터 짐승의 피로 간접 예배가 시작되었다.

족장들은 돌단 예배를 드렸고, 모세 시대에는 성막 예배를 드렸다.

가나안 땅에 정착하여 성전을 건축한 솔로몬 이후에는 성전 예배를 드리게 되었다.

옛언약	새언약	새언약
모형인 율법과 성막		실체이신 예수 그리스도와 하늘 성소
〈성소〉 1. 사람이 손으로 지은 성막. 세상에 속한 성소 2. 제사법(히10:11) - 매일 서서 섬김. 자주 같은 제사, 죄를 없게 못함 3. 제물(9:13) - 염소, 황소, 암송아지 4. 피(10:4, 9:12-13) - 황소와 염소의 피. 근본적으로 죄를 해결할 수 없음 5. 대제사장(9:7, 25) - 1년 1차 7월 10일 속죄일에 짐승의 피를 가지고 지성소에 들어가 자신과 백성의 죄를 속죄 받음. 6. 효력 - 일시적인 효력, 제한된 범위 내에서 속죄 받음 • 10:9 - 첫 것을 폐하심 • 10:7 - 두루마리에 기록함 • 제사의 두 가지 기능 ① 피로 죄를 덮는 기능(레17:11, 히9:22) ② 하나님의 진노를 풀어버리는 기능(갈3:13, 신21:23)	히9장 히10장	• 9:11, 24 - 손으로 짓지 아니한, 창조에 속하지 않은 참 성소 • 9:10, 12 - 예수 그리스도의 몸을 드려 단번에 영원한 제사 • 9:26 - 자기를 드림 • 10:10 - 예수 그리스도의 몸을 드림 • 9:14 - 예수의 피가 죄악과 양심 까지 씻음 • 9:11-12 - 그리스도가 대제사장으로 오사 오직 자기 피로 영원한 속죄를 이루어 단번에 하늘 성소에 들어가셨다. • 효력 - 10:17-19, 그들의 죄와 불법을 다시 기억치 않으심. 예수의 피를 힘입어 성소에 들어갈 담력을 얻었다. 수시로 하나님께 나아가게 됨. • 10:22 마음에 피 뿌림을 받아 거룩하게 되었다. 참 마음. 온전한 믿음으로 하나님께 나아가게 됨 • 10:9 - 둘째 것을 세우심 • 10:16 - 내 법을 저희 마음에 두고 생각에 기록 • 10:14 - 거룩하게 된 자들을 영원히 온전케 하셨다. 예수의 피는 인간의 모든 죄를 근본적으로 완전히 해결하셨다.

율법은 그림자이다. 그림자로는 온전케 할 수 없다. 짐승의 피로 드리는 속죄 제사는 인간의 죄 문제를 근본적으로 완전히 해결하지 못했다. 제한된 범위 내에서 일시적인 사죄의 효력만을 가지고 있다. (히10:1)

그리스도는 새 언약의 실체로서 자기 피로 단번에 영원한 제사를 드렸다. 인간의 모든 죄를 근본적으로 해결하셨다.
우리는 다만 그것을 믿음으로 구원받았다. 예수님이 새 언약 안에서 다 이루어 놓으신 것을 믿음으로 받아들이기만 하면 구원받는다. 그 믿음까지도 성령이 믿게 하시는 것이다. 그러기에 은혜라고 하는 것이다. 새 언약은 은혜의 언약이다. 새 언약은 복음이다. 믿음은 내 행위에 근거하지 않는다. 예수 그리스도의 속죄에 근거해서 나아간다.

내가 구원 받은 것은 창조주의 생명 값으로 된 것이다. 비록 나는 죄인이지만 예수 그리스도의 피로 하나님이 나를 구원하셨다고 믿는 것이 겸손한 자세다.

'내 삶이 형편없어서 나는 천국 못가요' 하는 것은 교만이고, 예수 그리스도의 속죄를 믿지 않는 불신앙이다. 그것은 '예수 그리스도의 피 가지고는 구원 받기에 모자라요'하는 신성모독 죄이다.

사람에 의하여 시작된 것은 파기될 수밖에 없다. 예레미야 17장 9절 말씀과 같이 만물보다 거짓되고 심히 부패한 것은 마음이다. 옛 언약은 하나님이 인간에게 모든 일을 하도록 맡기는 기회이다. "네 힘으로 한 번 해봐라"하고 기회를 주신 것이다. 옛 언약은 사람의 순종에 의존하는 계약으로서, 불성실하고 연약한 인간은 자기 행위로는 파기할 수밖에 없는 계약이었다. 그러나 새 언약은 하나님이 일방적으로 하신 언약으로서, 하나님 자신의 의지로 하나님 자신이 모든 것을 자신이 약속하신대로 이루시겠다는 하나님의 의지가 나타나 있는 언약이다. 하나님 자신이 그 언약을 지킬 것이며, 우리가 그 언약을 지키도록 보장하신다는, 결코 파기될 수 없는 영원한 언약이다.

 우리 속에 새 영을 주셔서 우리가 그 언약을 지키도록 하나님이 보장하신다.(요일1:27)

율법과 복음

옛 언약(율법) - 고후 3장 1-18절	새 언약(복음)
• 고후3:3 - 먹으로 돌판에 썼다	• 고후3:3 - 영으로 심비에 썼다
• 3:6 - 의문으로(율법 조문으로), 죽이는 것, 의문에 쓴 증서 = 빚문서, 사망·저주 아래둠	• 3:6 - 영으로, 살리는 것
• 3:7 - 의문이 직분(율법 조문의 직분), 영광이 있다	• 3:8 - 영의 직분 : 더욱 영광이 있다
• 3:9 - 정죄의 직분 : 우리를 정죄한다	• 3:9 - 의의 직분 : 우리를 의롭다고 한다
• 3:11 - 없어질 것이다. 사라져 가는 영광	• 3:11 - 길이 있을 것이다. 길이 있을 영광
• 3:15 - 수건처럼 마음을 덮어 하나님의 영광을 보지 못하게 함	• 3:16 - 주께로 돌아가야 벗어짐 • 3:17 - 자유가 있음

유대인들은 사라져 가는 율법에 매여 있었다.

모세가 율법을 받고 내려올 때, 그 얼굴에 광채가 있었다.

출34:30 아론과 온 이스라엘 자손이 모세를 볼 때에 모세의 얼굴 피부에 광채가 남을 보고 그에게 가까이 하기를 두려워하더니

35 이스라엘 자손이 모세의 얼굴의 광채를 보므로 모세가 여호와께 말하러 들어가기까지 다시 수건으로 자기 얼굴을 가렸더라

왜 모세가 수건을 썼는가?

 이스라엘 자손들로 장차 없어질 영광에 집착하지 못하도록 수건으로 가렸다.(고후3:13)
 유대인들이 말씀을 읽어도 마음이 완고하여, 예수 그리스도를 발견하지 못하고 깨닫지 못하는 상태를 바울은 '수건이 가려졌다'라고 말한다. (고후3:14)

이 수건은 곧 율법을 비유하는 것으로서, 예수께로 돌아가면 벗어진다. 율법이라는 수건이 가려져 복음인 예수를 보지 못한다. 예수를 믿으면 수건이 벗겨진다. 그들의 마음에 수건이 가려진 이유는,

그들의 마음에 성령이 없기 때문이다. 성령이 없으면 깨닫지 못하고 믿지 못한다.(겔11:19-20)

그들은 율법선생이었으나 니고데모처럼 모른다. (요3:4,9)

바울 자신도 이런 체험을 했다. 깨닫지 못하여 교회를 핍박했으나 아나니아에게 안수를 받고 눈에 비늘을 벗었던 경험을 했다. 수건, 즉 율법의 비늘을 벗고, 그리스도를 보게 되었다.

바울은 믿음으로 시작했다가 율법의 행위로 돌아간 갈라디아교회를 향해 목소리를 높여 그들을 책망한다. 믿음과 율법의 행위를 혼합하므로 저주받은 다른 복음(율법)을 꺾는 것이 편지의 목적이었다.

바울의 질문 5가지 (갈3:1-5)

✶누가 너희를 꾀더냐?

✶너희가 성령을 받은 것이 율법의 행위로냐 듣고 믿음으로냐?

✶성령으로 시작했다가 육체로 마치겠느냐?

✶너희가 이렇게 많은 괴로움을 받았는데 헛되이 받았느냐?

✶성령을 주시고 너희 가운데서 능력을 행하시는 이의 일이 율법의 행위에서냐 듣고 믿음으로냐

바울의 다섯 가지 질문의 요지는 구원이 행위냐? 믿음이냐? 이다. 갈라디아 교회 안에 유대주의자들이 이방인 신자들을 꾀어 할례를 받게 함으로 율법을 행하도록 하여 믿음이 흔들리는 것을 듣고, 갈라디아 교인들에게 이미 가르쳐 준 진리를 왜 잊었느냐고 책망하고 있다.

유대인들의 믿음의 조상이요 존경의 대상인 아브라함을 들어서 아브라함도 믿음으로 의롭게 되었다고 한다(3:6) 아브라함의 자손이 되는 것도 믿음으로 되고,(7) 이방인도 믿음으로 의롭게 된다고 말한다(8). 믿음 있는 자는 믿음이 있는 아브라함과 함께 복을 받는다고 한다.

율법에 속한 자는 저주 아래 있다. 율법의 궁극적 저주는 사망이다. 율법은 정죄하는 것이고, 율법으로는 저주만 당한다. 아무도 율법으로는 의롭게 될 수 없다(11절). 왜 그런가? 이론적으로는 율법을 다 지키면 구원받을 수 있으나 이 세상에 누구도 율법을 다 지킬 수 있는 사람은 없기 때문이다.

롬3:23 모든 사람이 죄를 범하였으매 하나님의 영광에 이르지 못하더니

모든 사람이 다 죄를 범하였고, 의인은 없나니 하나도 없다. 율법은 하나님의 의의 기준이다. 하나님의 잣대이다. 하나님의 의의 기준 아래 한 가지만 어겨도 다 어긴 것이다. 마음으로 음욕을 품어도 이미 간음한 자이다. 형제를 미워하는 자는 살인자이다. 모세의 잣대는 (의의 기준, 율법의 기준) 행동만 하지 않으면 죄가 아니었으나, 예수님의 의의 기준은 마음의 동기까지 보신다(마5:17 이하).

그러므로 하나님의 의의 기준에 도달할 사람은 하나도 없다. 율법은 마치 엑스레이와 같아서 죄를 찾아낸다. 그러나 그 스스로는 문제를 해결하지는 못한다. 이것이 율법의 한계이며 문제점이다.

율법을 주신 목적 (1.현실적 필요 2.영적 교훈)
하나님께서 이스라엘 백성들에게 율법을 주신 목적은 우선 하나님 백성으로서의 삶을 가르치기 위함이고 현실적으로 질서유지를 위해 필요했다

 모세를 따라 출애굽한 이스라엘 백성들의 당시 광야 생활은 그야말로 난장판이었다. 이스라엘 백성은 430년간 애굽에서 노예로 살면서 애굽의 우상문화와 습관에 익숙해져 있었다. 하나님은 이들이 하나님의 백성으로 살아야할, 하나님과의 관계 속에서 지켜야할 법과 자신들 사이에 질서 유지를 위해 지켜야할 윤리, 도덕법을 주신 것이다. 이것이 십계명과 율법의 내용이다.

인간은 죄인임을 알게 하시려고 주셨다
 인간은 죄의 포로이고, 죄의 독 안에 들어 있음을 깨닫고 자신을 포기하는 데에 있다. 인간의 힘으로는 구원받을 수 없음을 알도록 하기 위해서이다. 율법의 엑스레이로 비춰볼 때 온전한 것이 하나도 없고 사람의 힘으로는 도저히 율법을 지킬 수 없다는 사실을 깨닫게 하는 데에 목적이 있다. 그러므로 자기를 포기하도록 한다.

구원자 예수 그리스도를 찾게 하시려고 주셨다

자신의 힘으로는 구원받을 수 없음을 깨닫고 구원자 예수 그리스도께 돌아오게 하시려는 것이다. 오직 예수를 바라보게 하여 인간을 예수 그리스도께로 인도하시려는 목적으로 주셨다.

그러므로 율법은 우리를 예수께로 인도하는 초등교사 (몽학선생) 이다.(갈3:23~25)

초등교사 파이다고고스($\pi\alpha\iota\delta\alpha\gamma\omega\gamma o\varsigma$)는 소년을 인도하는 사람, 강력한 호위병이라는 뜻으로 로마의 귀족 자제들에게 초등학문을 가르치고 그들의 행동을 돌보아 주는 노예 신분의 가정교사다. 그들이 어릴 때만 보살피는 시간성과, 신분이 노예라는 제한성을 가졌다. 그들은 어느 정도의 권한을 가지고 주인의 아들을 교육하기 위해 징계할 수도 있었다. 15세가 되어 김나지움이라는 고등 교육 기관으로 가면 임무가 끝난다.

이렇듯 율법은 우리를 죄의 사슬로 결박한 채로 구원자 예수께로 인도한다. 그러므로 율법자체는 선한 법이다.

갈3:13 그리스도께서 우리를 위하여 저주를 받은바 되사 율법의 저주에서 우리를 속량하셨다

속량이란 말 엑사고라조, $\varepsilon\xi\alpha\gamma o\rho\alpha\zeta\omega$는 값을 지불하고 되찾아 오다, …을 사다, 돈을 주어 몸값을 지불하고 되찾아 오다는 뜻이다.

죄 값은 사망이다. 죄지은 인간에게 율법이 죄인이라 정죄하고 죄 값을 사망으로 갚으라고 빚을 독촉한다. 인간이 진 사망의 빚을 예수 그리스도가 자신의 몸으로 갚으시고, 우리를 율법의 정죄에서 해방시키시고 사망의 빚 문서를 찢어 버리셨다.

누구든지 그리스도와 합하기 위해 세례를 받은 자는 그리스도로 옷 입었다.(갈3:27)

예수님이 사람으로 오신이유 (히2:9~18)

창조주요 2위 하나님이신 예수님이 왜 사람으로 오셔야 했는가?

모든 사람을 위해 죽음을 맛보시기 위함이다. (히2:9)

죽음을 통하여 죽음의 세력을 잡은 자 마귀를 멸하시려고 (14)

죽기를 무서워하여 한 평생 매여 종노릇하는 모든 자들을 놓아주시려고 (15)

아브라함의 자손을 붙들어 주기위해 (16)

하나님 백성의 죄를 속량하시려고 (17)

시험받는 자들을 능히 도와주시려고 (18)

죄 없으신 하나님의 아들이 사람이 되어 오신 이유다.

우리는 예수로 인해 하나님의 아들의 명분을 얻게 되었고, 예수 이름으로 하나님께 나아가게 되었다. 예수는 자기 육체로 하늘 성소로 가는 길을 열어 놓으셨다. 우리가 하나님께 나아가는 것은 더 이상 죄인의 모습이 아닌, 예수 그리스도로 옷 입고, 예수 그리스도와 동일 시 되었으므로, 하나님께 당당히 나아간다. 이것이 구원의 확신이다. 예수 그리스도로 인해 모든 담이 헐어졌다. 하나님과 인간 사이, 이방인과 유대인, 남자와 여자, 종이나 자유자나 믿음으로 아브라함의 자손이 되었고, 하나님 나라를 상속 받게 되었다. (갈4:4-6)

예수 그리스도가 우리 죄를 대신하여 십자가에 죽으심으로 인간은 모든 죄가 용서되었고, 죽음에서 해방되었고, 영생을 얻게 되었다. 하나님과 막혔던 관계도 회복되었다. 죄의 담이 무너지므로 모든 것이 정상화가 되었다. 이것이 복음인 것이다.

우리는 예수 그리스도 안에서 믿음으로 아브라함의 자손이 되었고, 새 이스라엘이 되었다. 믿음으로 아브라함의 복을 받게 되었고, 믿음으로 성령을 받게 되었다. 그 성령이 우리 안에 내주하시면서 우리를 인도해 가실 것이다. (갈3:14)

아브라함에게 하셨던 언약이 예수 그리스도를 통해 이루어졌다. (갈3:16)
아브라함은 자기 씨로 오실 구원자 예수 그리스도를 믿음으로 바라보고 구원받았다. 이것이 하나님이 아브라함에게 하신 언약이다.

하나님이 아브라함에게 하신 언약이 이삭에게, 이삭에게 하신 언약이 야곱에게 야곱을 통해 열두 지파, 이스라엘에게 그 언약이 다윗에게 그리고 새 이스라엘인 우리에게까지 아브라함의 씨로 오신 예수 그리스도를 믿음으로 구원을 받게 된 것이다. 그러므로 아브라함의 언약과 새 언약의 관련성은 구약과 신약으로, 한 맥으로 흐르고 있다. 하나님이 아브라함에게 약속하시고, 신약에 예수 그리스도가 오심으로 성취가 되었다.

두 언약 (갈4:22~31)

갈라디아서는 두 언약을 아브라함의 두 아들에 비유하고 그들을 낳은 아브라함의 아내와 여종하갈에 비유하고 있다.

계집종 하갈 (율법, 옛 언약)	자유 하는 여자 (새 언약)
23절 : 육체를 따라 낳았다. 25절 : 아라비아에 있는 시내산으로부터 난자다. 하갈이 낳은 아들은 종이다. 율법 아래 있는 자들은 종이다. 30절 : 계집종의 아들은 유업을 얻지 못한다.	23절 : 약속을 따라 낳았다. 26절 : 예루살렘, 갈보리 산에서, 자유하는 여자에게서 난자다. 우리는 이삭과 같은 약속의 자녀다. 31절 : 우리는 자유하는 여자의 자녀다.

여기서 말하는 자유란 맘대로 사는 것이 아니라, 율법의 속박 속에서의 자유다

우리가 하나님 앞에 실수하고 넘어질 때 어디로 가야 하는가? 시내산으로 가지 않는다. '내가 잘해서 갚아야지' 하지 않는다. 갈보리로 가야 한다. 갈보리에서 흘리신 예수의 보혈을 의지해야 한다. 하나님의 은혜는 우리의 어떤 죄악보다도 크시다. 하나님의 은총을 의지하여 그 은혜를 덧입을 수밖에 없다.

하나님은 새 영을 우리에게 주어 하나님의 법을 지켜 행하게 하겠다고 하셨다. (겔 36:27) 새 언약 가운데 오순절에 성령이 임했다. 우리는 하나님의 성령을 받았기에 예수를 닮게 되어 있다. 하나님께서 분명히 '내가 이루리라. 내가 행하리라'고 하셨기 때문이다. 사람마다 정도의 차이는 있어도 하나님께서 우리를 변화시켜 가고 계신다.

성령을 따라 행하라

성도의 할 일은 성령을 따라 행하는 것이다. 우리는 성령을 따라 살아야 할 책임이 있다.

갈 5:16 내가 이르노니 너희는 성령을 따라 행하라 그리하면 육체의 욕심을 이루지 아니하리라

새 언약 안에서 약속하신 성령이 내주해 있는 사람은 죄를 지으면 마음이 괴롭고 양심이 가책이 되어 계속 죄에 머물러 있을 수가 없다. 성령은 생명의 영이시다. 만약 계속해서 반복적으로 죄를 짓는다면 이런 사람은 성령이 내주해 계시지 않기 때문이다.

우리는 하나님이 이미 우리 안에 성령을 보내셔서 성령이 내주해 계신다. 성령은 아버지의 영이요 아들의 영이다. 성령은 항상 자의로 행하지 않으시고 예수님의 말씀을 가지고 예수님의 말씀을 알리신다. 예수님의 영광을 드러내며 모든 사람을 예수께로 인도하여 아버지의 뜻을 이루신다. (요 14:26, 15:26, 16:13~15)

그러므로 성령은 항상 말씀과 함께한다. 말씀과 성령은 기차의 두 레일과도 같다.

성령이 우리 마음판에 말씀을 새겨놓으시고 그 말씀을 이루도록 도우신다.

광야에서 이스라엘 백성들을 불기둥과 구름기둥으로 인도하신 하나님은, 오늘날 우리를 성령과 말씀으로 인도해 가신다. 그러기에 성령을 따라 행해야 하고 성령과 친해져야 길을 잃지 않는다.

구약에는 성령이 소수의 선택된 하나님의 일꾼들에게 임했다. 그들 위에 임하셔서 사역을 하게 하셨고, 속에 내주하신 것은 아니다. 그러나 신약 시대 이후 성령은 우리 속에 내주하신다. 우리 안에 장막을 치고 살고 계시면서 우리를 인도하시고 임마누엘 되어 계신다. (마 28:20)

성령은 보혜사로서 파라클레토스 (παράκλητος)라고 한다. 파라는 (παρά) 옆에서 클레토스 κλητός 도와주는 자, 위로자, 변호자, 상담자가 되어 말씀을 이루게 하신다.

우리를 도와주시려고 우리가 의뢰하기만을 기다리고 계신다. 우리는 성령의 내주하심을 인정하고 순간순간 그분께 묻는 습관이 몸에 배어야 한다. 성령은 인격적인 영이시다. 성령을 무시하면 역사하시지 않는다.

성령의 뜻과 사람 생각은 서로 상충된다. 성령께 묻지 않고 내 맘대로 결정하면, 주변이 정리가 안 되고 마음이 시끄러워진다. (롬 8:5~6)

우리가 평소에 말씀을 듣고, 읽고, 공부할 때 하나님의 말씀이 우리의 심령에 새겨진다. 듣고 잊어버린 것 같으나 우리가 매순간 삶에서 필요할 때, 하나님께 구하면 성령께서 내 속에 새겨진 하나님의 말씀을 기억나게 하시고, 깨닫게 하시고, 때로는 가르쳐 주신다. 성령께서 우리 심령에 이렇게 응답해 주시는 말씀을 따라 순종해야 한다. 그럴 때 하나님께서 언약 백성인 우리에게 천국의 삶의 질을 경험하며 살게 하신다.

굳이 기도하는 신령한 사람을 찾아가 묻거나, 어떤 환상이나 보이는 것을 의지하지 않아도, 때로는 그럴 수 있으나, 가장 분명한 것은 말씀과 성령이 내 심령에 말씀하시는 것이다.

구약의 선지자들도 이렇게 응답을 받았다. 심령에 깨우쳐 주신 것이다. 내가 아는 말씀을 확신하는 것이고, 때로는 알지 못한 것일지라도 하나님의 말씀의 뜻을 따라 깨닫게 하시고 가르쳐 주신다.

성령은 하나님과 죄인인 인간을 연결시켜 주시는 거룩한 영이시다. 구약의 이스라엘 백성들이 언약을 파기하고 실패한 원인도 성령이 임하지 않았기 때문이다.

 니고데모가 백성의 선생일지라도 거듭남의 의미를 깨닫지 못하고 어머니 뱃속에 다시 들어갔다 나와야 하느냐고 엉뚱한 질문을 한 것도 성령을 받지 못했기 때문이다.

성령을 통하여 우리가 예수 그리스도 안에 거하게 되고 하나님과 연합될 수 있다.

11장
언약의 성취자로 오신 예수 그리스도

예수님이 성취하신 언약

예수님은 언약을 성취하러 오신 분이다. 아담이 깨뜨린 하나님과의 관계를 정상화하고 잃어버린 하나님의 나라를 회복하기 위해 오셨다. 예수님은 하나님의 아들로서, 하나님께 의존하고 순종해야 될 하나님의 백성을 대신하고 대표하신다.

예수님은 창 3:15 '여자의 후손' 언약을 성취하신 분이다. (갈 4:4)

예수님은 여자의 후손으로 오셨다. 예수님은 동정녀 마리아의 몸을 통해 성령으로 잉태되어 탄생하셨다. 우리는 모두 남자의 후손으로 아버지의 씨를 통해 태어난다. (눅 1:34~35)

예수님은 하나님께서 아브라함에게 언약하신 씨와 땅 하나님 나라를 성취하신 분이다. (갈 3:16, 3:7)

예수님은 아브라함의 씨로 오셔서 그가 죽고 부활하심으로 믿음으로 아브라함의 자손이 된 새 이스라엘을 창조하시고 영적 가나안 땅인 그의 백성의 심령에 들어오셔서 하나님의 주권과 말씀으로 자기 백성을 통치하시고 하나님의 나라를 세우셨다.

예수님은 모세의 언약을 성취하신 분이다. 자기 백성을 죄로부터 자유케 하시고 새 계명을 주시고 참 만나인 생명의 떡으로 먹이신다. (눅 4:18, 요 13:34, 요 6:48)

예수님은 참 이스라엘로 오셔서 공생애 시작부터 사십일을 금식하며 하나님께 순종하시므로 광야 사십년간 이스라엘이 불순종으로 시험에 실패한 삶을 극복하셨다. (마 4:3~4) 주님은 자기 백성을 죄로부터 구원하시고 "서로 사랑하라"는 계명을 주셔서 율법을 완성하셨다. 예수님은 또한 먹어도 죽는 양식인 만나가 아닌 영생하는 양식인 생명의 떡을 먹여주셨다.

예수님은 유월절 양의 실체로서 그의 피로 애굽 같은 세상에서 우리를 구원하신 분이시다. (고전 5:7)

이스라엘이 출애굽하기 전 양을 잡아 구워먹고 그 피를 문설주와 인방에 발라 죽음이 넘어간 것처럼 주님은 유월절 양이 되어 우리의 죄를 지고 죽고 부활하심으로 우리를 구원하시고 새 생명을 주셨다.

예수님은 참 제물이 되시고 성전을 완성하신 분이다. (히 9:12, 요 2:19, 계 21:22)

예수님은 염소와 송아지 피로 하지 아니하고 자신이 제물이 되어 자기 피로 단번에 영원한 제사를 드렸다. (히 9:12)
 그러므로 예수님은 성전의 제사 기능을 완성하셨고 예수님 자신이 곧 성전이 되신다. (요 2:19, 계 21:22)

 예수님은 또한 다윗의 언약 (삼하 7:12~16)을 성취하신 다윗의 자손으로 오신 만왕의 왕이시다.
 예수님은 다윗의 자손으로 나셔서 자기 백성을 구속하시고 장차 오실 심판주로서 세세토록 왕권을 가지고 통치하실 만왕의 왕이시다. (마 1:1)

예수님은 선지자들의 예언을 성취하신 분이다. (히 1:1~2)

이사야의 예언대로 죄인들을 위해 대속의 죽음을 감당하므로 그들의 죄를 사하고 새 언약을 세워 새로운 하나님의 백성을 창조하는 "주의 고난받는 종"의 역할을 감당했다. (사 42:6, 53:5~6)

또 예수님의 처녀 잉태 예언을 성취하셨다. (사 7:14, 눅 1:31)

미가 선지자를 통해 전한 예수님의 베들레헴 탄생 예언이 그대로 성취되었다. (미 5:2, 눅 2:11)

스가랴 선지자는 '네 왕이 네게 임할 것인데 그는 공의로우시며 구원을 베푸시며 겸손하여서 나귀를 타시나니 나귀의 작은 것 곧 나귀새끼니라'고 예언한 그대로 주님은 나귀를 타고 예루살렘에 입성하셨다. (슥 9:9, 마 21:2)

예수님은 예레미야와 (렘 31:3134) 에스겔 (겔 36:2627)에게 하신 새 언약을 이루신 분이다

예수님은 십자가에서 흘린 자기 피로 구원을 성취하시고 부활 승천하신 후 성령을 보내셔서 새 언약을 이루셨다. (눅 22:20, 요 14:26, 행 2:1~4)

예수님은 십자가를 지기 전날 밤 성경 신구약 전체의 언약을 압축하여 몸으로 보여주셨다.

성경 전체의 내용은 복음과 윤리로 되어 있다. 복음은 하나님께서 우리를 위해 친히 해주신 일들이고 윤리는 하나님의 백성이 살아야 할 삶이다.

예수님은 성만찬을 통해 떡과 포도주로 복음을 보여주셨다.

생명의 떡이신 예수님을 믿음으로 생명을 얻어 살고 영생한다.

또한 예수님의 피를 믿음으로 우리의 죄가 씻어져 용서받고 의롭게 된다.

십자가에서 흘리신 예수님의 피와 살을 믿음으로 먹고 마셔야 우리가 죄에서 구원받아 천국 백성이 된다. 이것을 몸으로 보여주신 것이 성만찬이다. 곧 복음의 내용이다.

(마 26:26~28)

예수님은 식사 자리에서 제자들의 발을 씻어주셨다. 창조주요 선생 되신 예수께서 친히 제자들의 발을 씻어주는 본을 보여주시므로 '너희도 이렇게 살라'고 하나님 백성의 윤리를 보여주셨다. (요 13:4~5, 13~15)

예수님은 십자가에서 돌아가실 때 하나님께서 우리에게 하신 성경의 모든 언약을 다 이루시고 떠나가셨다. (요 19:30)

예수님은 죽은 지 사흘 만에 부활하실 것을 말씀하시고 말씀대로 죽은 지 사흘 만에 죽은 자 가운데서 다시 살아나셨다. (마 20:18~19, 막 16:9)

예수님은 제자들이 보는 데서 하늘로 올라가셨고 지금도 하나님 우편에 앉아 계신다. (행 1:9, 막 16:19)

예수님의 죽음과 부활은 옛 언약과 새 언약의 분기점이 된다. 예수님의 죽음으로 모세를 통해 주셨던 제사법, 절기법, 음식법, 성전법이 완성되었다.

우리 죄를 위해 자신의 몸을 드려 제물이 되어 속죄하심으로 모세의 율법 언약, 옛 언약을 끝내셨다.

또한 예수님의 부활로 새 언약이 시작되었다. 예수님은 옛 언약의 마침이 되시고 새 언약을 여신 분이다.

✝ 예수님의 언약 ✝

'내 몸을 먹고 내 피를 마시라' (마 26:26~28)

나를 먹고 마시면 내가 너희 안에 너희가 내 안에 거할 것이다. 믿음으로 말씀을 먹고 기도로 주님과 교제하며 주님의 피로 이루신 구원을 확신하고 날마다 주님의 보혈로 마음과 행실을 씻어 하나님의 언약 안에 거할 것을 말씀하신다.

우리 기도를 응답해주시겠다고 하셨다. (요 14:13~14)

예수님의 이름으로 무엇을 구하든지 아버지의 영광을 위해 주께서 시행하실 것이고 주님의 이름으로 무엇이든지 주님께 구하면 주님이 행하리라고 하셨다.

성령을 보내시겠다고 하셨다. (요 14:16, 26)

주님은 우리를 고아와 같이 버려두지 않으시고 성령께 바톤을 넘기셨다. 보혜사 성령을 보내셔서 우리를 인도해주신다고 하셨다.

세상 끝날 까지 우리와 함께 계시겠다고 하셨다. (마 28:20)

아이가 보호자가 곁에 있으면 두렵지 않듯 주님은 성령을 통해 우리 곁에 세상 끝날까지 계시겠다고 언약하셨다.

처소를 예비하시고 다시 오셔서 우리를 영접하실 것이다.

내가 너희를 위해 처소를 예비하러 간다. 거처를 예비하면 내가 다시 와서 너희를 내게로 영접하여 나 있는 곳에 너희도 있게 하겠다. (요14:2~3)

하나님의 나라는 거할 곳이 많다고 하셨다. 주님은 반드시 다시 오실 것이다. 다시 오셔서 우리를 영접해 주실 것이다.

권능을 주시겠다고 하셨다.

너희에게 권능을 줄 것이다. (행1:8, 막16:15)

너희에게 주신 권능으로 주님의 증인이 되라고 하신다. 주님은 제자들에게 권능을 주시고 예수님의 이름으로 귀신을 쫓아내며 뱀을 집으며 병든 자에게 손을 얹으면 낫는 표적을 주시겠다고 하셨다.

영생을 약속하셨다

영생을 약속하셨다. (요3:16)

하나님의 독생자 예수 그리스도를 믿는 자에게 영생을 약속하셨다. 죽는 것은 인간에게 가장 두려운 일이다. 믿는 자는 죽음 너머에 하나님과 더불어 영원히 사는 천국으로 이사 가는 것이다.

✚ 예수님이 우리에게 하신 명령 ✚

회개하고 복음을 믿으라

회개하고 복음을 믿으라고 하셨다. (막1:15)

예수님은 공생애 사역 첫마디가 돌이켜 회개하고 복음을 믿으라고 하셨다. 세상 가운데 살던 삶을 돌이켜 예수께로 나아와 복음을 듣고 믿어야 한다.

예수를 따르라

예수를 따르라고 하셨다. (눅9:23)

예수님은 제자들에게 자기를 부인하고 날마다 제 십자가를 지고 예수를 따르라고 하셨다. 예수를 따르는 길이 좁은 길이고 험한 길일지라도 그 길 끝은 생명의 길이다.

항상 기도하고 깨어있으라

항상 기도하고 깨어있으라고 하셨다. (눅21:36)

믿는 자는 세상 것에 마음을 빼앗겨 심령이 둔하여지지 않도록 항상 기도로 깨어있어 주님의 뜻을 분별하며 살아야 한다.

이웃을 사랑하라

이웃을 사랑하라고 하셨다. (마19:19)

하나님은 본질이 사랑이시다. 믿는 자는 서로 사랑하므로 주님의 제자 됨을 나타낸다. 하나님으로부터 받은 사랑을 이웃과 더불어 나누며 사는 것이 그리스도인의 삶이다.

지혜롭고 순결하라

지혜롭고 순결하라고 하셨다. (마10:16)

지혜와 순결은 주님의 제자들이 세상 가운데서 살아가는 동안 지녀야 할 필수 덕목이다. 범사에 하나님의 지혜를 구하고 거친 세상 가운데서도 신앙의 순결을 잃지 말아야 한다.

성령을 받으라

성령을 받으라고 하셨다. (요20:22)

하나님의 자녀 된 자는 반드시 성령을 받아야 한다. 성령은 하나님의 영이요 예수 그리스도의 영으로서 성령이 없는 사람은 그리스도의 사람이 아니다.

말씀을 지키라

말씀을 지키라고 하셨다. (요14:23)

예수를 사랑한다는 것은 그의 말씀을 지키는 것이다. 예수님의 말씀을 지킬 때 하나님의 사랑을 받게 되고 아버지와 아들이 성령으로 그에게 들어가 거처를 함께 하신다.

복음을 전하라

복음을 전하라고 하셨다. (막16:15)

주님은 부활하시고 승천하시기 전 마지막 유언으로 '너희는 온 천하에 다니며 만민에게 복음을 전하라'고 하셨다. 믿는 자는 모두가 복음 전도의 사명을 받은 자들이다.

주님의 재림을 준비하라

주님의 재림을 준비하라고 하셨다. (눅12:40)

주님은 반드시 다시 오실 것이고 생각지도 않을 때에 도둑같이 오실 것이다. 그러므로 잠들지 말고 항상 깨어있어 주님 맞을 준비를 하라고 하신다.

끝까지 견디라

끝까지 견디라고 하셨다. (마24:13)

우리가 사는 세상은 사단이 왕 노릇 하고 있는 곳이다. 눈을 뜨면 보는 것 듣는 것 행하는 것 모두가 문화적으로 사상적으로 사단의 베이스를 벗어날 수가 없다. 깨어 힘써 싸우지 않으면 금방 세상 물결에 떠내려가고 만다. 매 순간 순간 성령의 음성을 들으며 말씀을 굳게 붙들어야 한다. 어떤 환난 속에서도 끝까지 믿음을 지켜야 한다.

12장
언약의 완성

성경의 모든 언약은 예수 그리스도가 성취하셨고 그것은 계시록에서 완성된다.

하나님의 언약의 목표는 하나님의 나라를 이루는 것이고 하나님과 깨어진 관계를 회복하여 원상복귀 하는 것이다.

아담의 죄로 인하여 깨어진 하나님과의 관계가 예수 그리스도가 화목제물이 되어 대속하시므로 죄 문제가 해결되고 하나님과의 관계가 온전히 회복되었다.

아담의 범죄로 함께 저주받았던 땅도 회복되어 새 하늘과 새 땅이 되고 아담이 잃어버린 땅, 에덴이 회복되고 다시는 저주가 없을 것이다. (계22:3) 하나님의 빛이 비추고 어린양이 등불이 되심으로 다시는 밤도 어두움도 없을 것이다. (계21:23) 죄로 인한 고통이나 질병도 없을 것이다.

지상성전의 실체이신 하나님과 어린양이 성전이 되어 자기 백성들의 예배를 받으시고 제물이 필요 없는 직접 예배가 회복될 것이다. (계21:22) 하나님과 어린양의 보좌가 그 가운데 있어 그의 백성들이 그를 섬기며 하나님을 대면하여 그의 얼굴을 볼 것이다. (계21:4) 새 예루살렘은 그 자체가 지성소다. 제사장이고 왕인 (벧전 2:9) 성도들이 그곳에서 하나님과 대면하여 교제하는 복을 누릴 것이다.

또 아담이 먹지 못하도록 그룹들과 불 칼로 지키던 생명과를 생명수 강가로 나아가 먹게 될 것이다. (계22:2, 14) 예수 그리스도를 구주로 영접하고 그분이 우리 위해 흘리신 보혈로 죄 씻음 받은 성도들은 생명나무에 나아갈 권세를 받을 것이다.

예수님의 초림으로 이미 시작된 하나님의 나라가 지금은 속으로 자라가고 있으나 예수님의 재림으로 하나님의 나라는 가시적으로 볼 수 있게 이루어져 새 하늘과 새 땅에서 하나님의 장막이 사람들과 함께 있어 하나님이 만물을 새롭게 하시고 친히 사람들과 함께 계실 것이다. 그때에는 주님은 우리 왕이 되시고 우리는 그의 백성이 되어 세세토록 통치하실 것이다.

인간에게 위임해 주셨던 왕권도 회복되어 주님과 더불어 세세토록 왕 노릇 할 것이다. (계22:5) 새 예루살렘성에서 하나님이 통치하시는 하나님의 나라가 온전히 회복이 될 것이다. (계21:1~2)

Epilogue
에필로그

성경은 하나님의 언약의 책이다. 예수 그리스도를 통하여 죄인 된 인간을 구원하시겠다는 하나님의 구원의 약속이다. 그러므로 하나님이 통치하시는 하나님의 나라를 이루어 하나님은 우리 왕으로, 우리는 그의 백성으로서의 창조질서를 회복하고 하나님의 모든 부요함과 천국의 삶을 누리며 살도록 하기 위함이다.

 언약에 신실한 하나님은 하나님의 언약대로 이 땅에 그의 아들을 여자의 후손으로 보내시고 아브라함의 씨로 다윗의 후손으로 나게 하셔서 언약대로 우리 죄를 대신하여 죽고 부활하심으로 생명의 길을 열어놓으셨다. 예수 그리스도는 하나님의 언약이시고 그 언약을 성취하신 분이다. 또 우리가 영원히 의지해야 할 이름이다.

이제 우리는 하나님이 이루어 놓으신 구원의 길 되시고 진리이시고 생명 되신 예수 그리스도를 나의 구주로 믿고 그분의 말씀을 따라 순종하며 살아야 할 것이다. 그분의 말씀은 만고에 불변하는 진리이고 그분의 언약은 천지가 없어져도 반드시 이루신다. 그분을 따라가면 천국에 이르고 그분을 믿으면 영생을 얻는다.

성경은 하나님의 언약인 말씀을 읽고 듣고 지키는 자가 복이 있다고 하신다.

계1:3 이 예언의 말씀을 읽는 자와 듣는 자와 그 가운데에 기록한 것을 지키는 자는 복이 있나니 때가 가까움이라
계22:7 보라 내가 속히 오리니 이 두루마리의 예언의 말씀을 지키는 자는 복이 있으리라 하더라

주님이 속히 오셔서 상을 주시고 각 사람이 행한 대로 갚아주신다고 하신다.

계22:12 보라 내가 속히 오리니 내가 줄 상이 내게 있어 각 사람에게 그가 행한 대로 갚아 주리라

 주님은 우리를 고아와 같이 버려두지 않으시고 우리를 책임지고 천국까지 인도하실 보혜사 성령을 우리에게 보내주셨다.

성령은 우리를 보호하시고 인도하시고 가르쳐 주시고 위로해 주시며 우리에게 힘을 주시고 용기를 주셔서 우리 손을 붙잡고 천국까지 잘 인도해 주실 것이다.
 우리는 하나님 안에서 이 땅에서도 천국의 삶의 질을 누리며 끝까지 성령의 인도하심을 받아 기쁘고 행복하게 사명을 감당하며 천국 길을 갈 것이다. 그리고 주님을 대면하여 볼 것이다. 그때에는 우리 모두 부끄러움이 없이 기쁨으로 주님을 뵐 수 있으면 얼마나 좋겠는가?
 광야의 이스라엘은 불기둥과 구름기둥이 가나안 땅까지 인도했다. 광야 같은 세상에서 오늘 우리는 말씀과 성령이 우리를 천국까지 인도한다.

그러므로 우리의 보호자이신 성령이 나와 함께 계심을 잠시도 잊지 말고 성령을 의지하며 살아야 한다. 성령은 우리 안에 기록된 하나님의 말씀을 따라 살도록 우리를 인도해 주실 것이다. 항상 말씀을 붙잡고 성령과 교제하며 그분께 묻고 순종해야 한다. 나 홀로 일방통행 하지 말고 성령과 늘 동행하며 하나님의 언약을 이루어 나가자. 조만간 다시 오실 주님을 기다리며! 할렐루야!

216